LA SOPHISTIQUE

CONTEMPORAINE.

---•◉•---

IMPRIMERIE DE W. REMQUET ET Cⁱᵉ,

Successeurs de Paul Renouard,

RUE GARANCIÈRE, 5, DERRIÈRE SAINT-SULPICE.

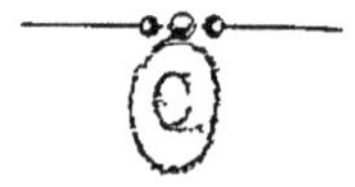

UNE ÉTUDE

SUR

LA SOPHISTIQUE

CONTEMPORAINE

OU

LETTRE A M. VACHEROT

PAR

L'ABBÉ GRATRY

avec la réponse de M. VACHEROT et la réplique de l'abbé GRATRY.

—

DEUXIÈME ÉDITION

—

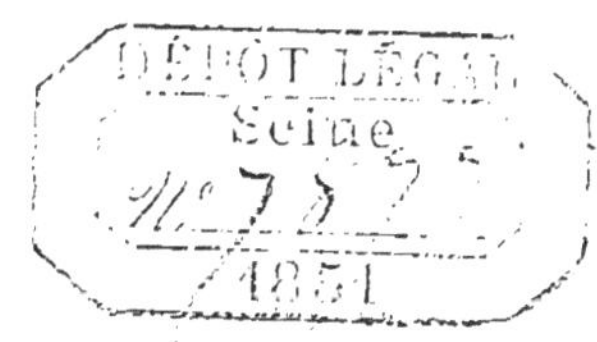

PARIS,

CHARLES DOUNIOL, LIBRAIRE-ÉDITEUR,

Rue de Tournon, 29,

AU BUREAU DU CORRESPONDANT, RECUEIL PÉRIODIQUE.

1851.

La première édition de ce travail avait pour
titre : *Lettre à M. Vacherot, directeur des
études de l'École normale, par l'abbé Gratry,
aumônier de l'École normale.* Cette lettre
était précédée de l'avertissement que voici :

« On laisse à cet écrit le titre sous lequel
« on l'avait annoncé. L'auteur y prend encore
« la qualité d'aumônier de l'École normale.
« Lorsqu'il a cru devoir se démettre de ses

« fonctions, l'ouvrage était achevé, imprimé

« en partie, et annoncé dans les journaux.

« C'est donc bien l'aumônier de l'École

« normale qui a écrit cette lettre, pour faire

« son devoir. »

« Ce 25 juin 1851. »

Depuis, les approbations les plus hautes ont prouvé à l'auteur de la Lettre qu'il avait en effet rempli un devoir, soit en publiant cet écrit, soit en se dégageant de tout lien, pour le pouvoir publier librement.

Aujourd'hui, l'on présente au public cette même Lettre, suivie de la Réponse de M. Vacherot, et de la Réplique à cette Réponse. L'auteur de l'attaque a cru loyal de publier la Réponse en entier.

Du reste, le point de vue polémique devient

ici tellement secondaire, que l'auteur a cru devoir donner à son travail, tel qu'il est aujourd'hui, un titre nouveau, et le présenter, non plus seulement comme une critique particulière, mais bien comme *une Étude sur la Sophistique contemporaine.*

Les six lettres que nous publions traitent, en effet, cette question dans toute sa généralité. Elles saisissent la Sophistique contemporaine dans sa forme la plus récente, la plus dangereuse, la moins connue ; elles signalent la première déclaration sérieuse d'athéisme hégélien qui se soit produite parmi nous ; elles découvrent ce progrès de hardiesse sophistique dans un ouvrage couronné par l'Institut, très-répandu parmi les étudiants, très-appuyé par les journaux universitaires, et considéré par ces journaux comme « l'un des livres les « plus considérables et les plus justement esti-

« més de ce temps-ci. » D'où il résulte qu'en effet, il ne s'agit plus seulement ici d'une erreur individuelle, mais d'une doctrine déjà répandue et soutenue.

C'est cette doctrine que, par ces *Lettres*, nous voulons faire connaître, dans son principe, ses procédés et ses conséquences.

TABLE.

PARTIE PHILOSOPHIQUE.

RÉPLIQUE A M. VACHEROT.

PIÈCES JUSTIFICATIVES.

Monsieur ,

Votre troisième volume de l'*Histoire critique de l'école d'Alexandrie,* qui vient de paraître, renferme des conclusions telles, que c'est un devoir pour moi d'en parler publiquement

Sans doute il est bien dur d'attaquer un homme dont on a tant de fois serré la main. Mais quand on aura lu cette lettre on jugera si j'ai pu éluder ce devoir.

Que si je m'adresse à vous-même, Monsieur, pour répondre à votre doctrine, c'est que je veux, en écrivant, avoir toujours devant l'esprit l'homme dont j'honore, avec tous ceux qui le connaissent, le caractère moral et la sincérité. J'entends ne rien écrire que je ne puisse vous dire en face.

D'ailleurs, il ne s'agit ici ni de vous ni de moi. La question est beaucoup plus haute. Il ne s'agit pas de savoir si vous vous êtes trompé. Oui, vous vous êtes trompé d'une manière véritablement surprenante, inattendue. Nous l'allons voir. Mais ce n'est pas là la question, et ce n'est pas non plus ce que je veux montrer. Je n'ai, en écrivant ceci, qu'un seul dessein : c'est de faire bien connaître, par votre livre, la nouvelle et formidable situation intellectuelle du temps présent. Si un tel livre a pu être écrit par un esprit élevé, sincère ; par un homme laborieux, sérieux, convaincu ; par l'homme chargé depuis douze ans de la direction des études de l'École normale ; si ce livre a été couronné par l'Institut : il y a là un évènement plus que littéraire, il y a plus qu'un événement, il y a une situation intellectuelle en présence de laquelle tout homme de sens comprendra qu'il s'agit maintenant de nous sauver de la barbarie qui approche.

Du reste, Monsieur, la franchise et le courage sont toujours utiles. Vous en faites preuve en publiant ce livre. Ce livre, par la netteté de ses conclusions, va rendre un éminent service. Il était nécessaire à la cause de la vérité.

Entrons en matière.

Je distingue dans votre ouvrage deux parties : la partie théologique et la partie philosophique. La première pose la question religieuse, comme l'entend ce que vous appelez la philosophie nouvelle. La seconde nous propose les principes de cette philosophie elle-même.

Occupons-nous d'abord de la partie théologique.

PARTIE THÉOLOGIQUE.

I.

Certes, Monsieur, il est impossible de trouver, dans le camp de cette philosophie nouvelle, un adversaire du Christianisme plus respectueux, plus sympathique, plus intelligent que vous ne l'êtes. Je relis les belles pages que vous avez écrites sur le Christianisme dans vos premiers volumes, et je me demande si l'on peut vous nommer adversaire quand on lit ce qui suit :

« La Judée est vraiment le cœur de l'humanité, « comme la Grèce en est la pensée. C'est au mo- « ment où ce cœur souffre d'intolérables douleurs « que la voix des derniers prophètes annonce le « Messie [1]....

« C'est sur ce théâtre, ainsi préparé pour les « desseins de la Providence, que s'accomplit le mys- « tère d'où devait sortir tout un monde nouveau, « c'est-à-dire l'incarnation de la raison universelle « dans la personnalité juive. Le jour où cette rai- « son vraiment divine, qui n'avait jamais cessé « d'illuminer le monde, qui avait inspiré toute « sagesse à l'Orient et toute science à la Grèce, « trouva enfin une âme digne d'elle, elle devint « féconde, et mit au jour la plus grande des reli- « gions [2].

Pour conquérir le monde « il fallait réunir

---

[1] T. I, p. 180. — [2] T. I, p. 181. Il est entendu que nous ne discutons pas ici l'orthodoxie de ces passages.

« l'Orient et la Grèce dans un même symbole.
« La nouvelle religion y parvient avec de grands
« efforts et après une crise qui eût emporté toute
« autre doctrine. L'esprit puissant qui est en elle
« la sauve de l'anarchie..... C'est alors que le
« Christianisme est devenu la religion de l'huma-
« nité toute entière ; car il répond à tous ses
« instincts religieux et philosophiques [1].

« La puissance de l'esprit qui l'anime est telle
« qu'il constitue tout à la fois son dogme et son
« Église. Après la mort du Christ, la foi évangé-
« lique se répand sur tout l'empire, comme un
« feu dévorant. Le polythéisme contenait le
« monde, sans le posséder réellement. La religion
« nouvelle ne l'a pas plutôt touché, qu'elle le
« saisit, le pénètre, le vivifie, le transforme. La
« parole des apôtres n'est pas seulement un flam-
« beau qui éclaire les esprits ; c'est une semence
« féconde qui engendre des hommes nouveaux [2].

« L'Église chrétienne est la première société
« spirituelle qui ait paru dans le monde.... Tout
« ce qui cherchait la foi et la vie embrassa avec
« enthousiasme une société dans laquelle tous les

[1] T. II, p. 83. — [2] T. II, p. 84.

« instincts de la nature humaine recevaient satis-
« faction [1]. »

Voilà, certes, de belles paroles. Il y a là une
âme : il y a là un noble esprit. Encore un faible
élan, encore un seul mouvement, et cette âme est
chrétienne. Par quelle calamité la trouverons-
nous, au terme de ses mouvements, descendue au
dernier degré de la chute, et à la négation formelle du principe même de toute religion !

Ce fait étrange s'explique, Monsieur, par la nature même de la philosophie que vous avez adop-
tée, celle que vous nommez *la philosophie nouvelle*, celle qui vous semble apporter *la vraie
solution du problème de la vérité.*

Nous la ferons connaître.

Quoi qu'il en soit, voici comment vous expliquez l'origine du Christianisme.

Alexandrie est le centre de cette révolution
universelle : « le Christianisme et la philosophie
« alexandrine sont au fond deux doctrines issues
« d'un même principe.... Évidemment, ce sont
« deux émanations différentes de cet esprit uni-
« versel qui, à une certaine époque, se répand

[1] T. II, p. 87.

« sur le monde ancien [1]. » La Judée, selon vous,
a enfanté le Christianisme ; elle en est comme la
mère, mais quel en fut le père ? Le voici : « La
« Judée n'est plus le sanctuaire impénétrable
« d'une doctrine exclusive. L'esprit universel,
« dont Alexandrie est le grand foyer, l'enveloppe
« et la pénètre de toutes parts de ses puissants
« rayons.... » C'est alors qu'eut lieu « l'incarna-
« tion de la raison universelle dans la personnalité
« juive [2]. »

Cela revient à dire, Monsieur, que le Christianisme a été enfanté par la philosophie.

Selon vous, en effet, les dogmes chrétiens fondamentaux, c'est-à-dire le dogme de la divinité de
Jésus-Christ et le dogme de la Trinité se sont formés, peu à peu, sous l'influence de la philosophie
grecque et surtout de l'école néoplatonicienne
d'Alexandrie.

C'est la thèse qu'il faut soutenir pour expliquer
humainement la formation du dogme chrétien.

Nous allons voir comment vous la soutenez.
Nous allons voir quelle est, même sur les esprits
les plus sincères et les plus distingués, la tyran-

[1] T. II, p. 92. — [2] T. I, p. 180 et 181.

nie de cette doctrine philosophique, qui, posant d'avance qu'il n'y a rien de divin, entend le démontrer malgré l'histoire et malgré la raison.

Cette discussion me paraît devoir être profondément utile. Elle montrera quelle est la science qu'on nous oppose, et où en sont réduits, pour nous combattre, les meilleurs de nos adversaires. Il faut que l'on connaisse une fois de plus ce qu'on appelle encore, dans le monde lettré, l'opposition de la science à la religion.

Comprenez bien, Monsieur, que la réfutation de votre livre n'est ici que mon but secondaire. Je voudrais vous montrer à vous, et à tout homme de bonne foi, comment on juge et discute encore, parmi nous, le Christianisme, afin d'avoir ensuite le droit de vous poser cette question :

Est-il permis de continuer plus longtemps à traiter ainsi la recherche de la vérité, la question du salut du monde ?

II.

Voici donc comment vous établissez par l'histoire et l'étude des textes que le dogme chrétien s'est développé successivement sous l'influence de la philosophie.

Il y a eu, dites-vous, progrès de la théologie chrétienne dès le temps des apôtres, de saint Pierre à saint Paul, de saint Paul à saint Jean; puis il y a eu progrès chez les Pères de l'Église. Selon vous, les lacunes du dogme sont évidentes chez les apôtres et chez les premiers Pères, au point que, les Pères alexandrins jusqu'à Origène inclusivement, n'ont encore affirmé définitivement ni le dogme de la divinité de Jésus-Christ, ni celui de la Trinité. Vous dites[1] que « les Pères « alexandrins n'atteignent point encore la vraie « formule de la Trinité; » qu'Origène « va même « jusqu'à prétendre que le père seul est le vrai « Dieu.... Qu'à cette époque la théologie chré- « tienne était encore loin de la Trinité proprement

[1] T. I, p. 290 et 291.

« dite; tant qu'elle resta soumise aux influences
« de l'Orient (vous supposez qu'elle y resta jus-
« qu'après Origène), elle maintint le Verbe et l'Es-
« prit-Saint en dehors de la nature divine, et ne
« put comprendre la consubstantialité du Père,
« du Fils et de l'Esprit [1]. »

Quiconque a quelque teinture d'histoire et de
théologie sera bien étonné de ces assertions. Mais
l'étonnement redoublera quand on verra comment vous les soutenez.

Voyons d'abord les lacunes du dogme chez les
apôtres et le progrès de saint Pierre à saint Paul,
de saint Paul à saint Jean.

Selon vous, saint Pierre n'est presque encore
qu'un juif « qui ne comprend qu'à demi la su-
« blime doctrine du sermon sur la montagne.
« Comme l'Église de Jérusalem, il veut qu'on
« soumette les étrangers à la circoncision et aux
« diverses pratiques de la loi de Moïse [2]. Saint
« Pierre, comme saint Jacques, « ne voit et ne pres-
« crit rien au-delà de la loi ; » en général « l'ob-
« servance scrupuleuse de la loi de Moïse.... le

____

[1] T. I, p. 298. — [2] T. I, p. 185.

« royaume de Dieu réservé parmi les hommes aux
« Juifs... tel est l'esprit de l'Eglise de Jérusalem...
« qui réduisait le Christianisme aux étroites pro-
« portions d'une secte juive [1]. » C'est saint Paul
« qui porte la parole aux Gentils, et les affranchit
« des pratiques de la loi de Moïse [2]. » Saint Paul
apporte un point de doctrine qui lui est propre,
l'idée de la foi : « cette distinction de la loi et
« de la foi est le principe et le fond de toute la
« doctrine de saint Paul [3]; saint Paul d'ailleurs,
« le premier, définit la nature et les fonctions du
« Fils par rapport au Père [4]. Mais saint Paul, à
« son tour, avait affirmé toutes ces choses sans
« s'élever au principe qui les domine et les com-
« prend [5]. C'est un autre génie qui va renouer la
« chaîne traditionnelle interrompue par l'entre-
« prise révolutionnaire de saint Paul : c'est le
« mystique auteur de l'Apocalypse [6]. » Lorsque
saint Jean dit : « le Verbe, c'est la vraie lumière
« qui éclaire tout homme venant en ce monde, il
« énonce une pensée nouvelle par rapport à saint
« Paul [7]. Le lien qui rattache le Verbe à Dieu, saint

[1] T. I, p. 186. — [2] T. I, p. 191. — [3] T. I, p. 188. —
[4] T. I, p. 189. — [5] T. I, p. 193. — [6] T. I, p. 193. — [7] T. I,
p. 194.

« Jean le conçoit plus intime que saint Paul. C'est
« saint Jean qui a pu dire, non pas seulement que
« le Verbe est en Dieu, mais encore qu'il est Dieu...
« Dans saint Paul, Jésus-Christ est seulement
« proclamé Fils de Dieu [1]. »

D'où il suit que :

« Le développement et le progrès de la nou-
« velle doctrine est manifeste de saint Pierre à
« saint Paul, de saint Paul à saint Jean. Avec saint
« Pierre, la doctrine n'était encore que la loi ;
« avec saint Paul, elle devient la foi ; avec saint
« Jean, l'amour [2]. »

« On pourrait, en quelque sorte, résumer tous
« les progrès de sa doctrine primitive, dans les
« transformations par lesquelles a passé l'idée du
« Christ, de saint Pierre à saint Paul, et de saint
« Paul à saint Jean [3].

« Pour tous les trois, le Christ est le fils de Dieu.
« Mais pour saint Pierre et l'Église de Jérusalem,
« le Christ est le type du peuple juif, le fils de Da-
« vid ; pour saint Paul, le Christ est le type de
« l'humanité, le fils de l'homme, le fils d'Adam ;
« pour saint Jean, le Christ est le type de la vie

[1] T. I, p. 195. — [2] T. I, p. 198. — [3] T. I, p, 199.

« universelle, le verbe de la nature aussi bien que
« de l'humanité. On voit ainsi la pensée chrétienne
« s'élever du judaïsme à l'humanité, et de l'hu-
« manité au monde. »

Or, pour que vous, Monsieur, homme sincère
et intelligent, ayez pu écrire ces lignes, il faut de
toute nécessité que vous ayez écrit sans rien vérifier par les textes, car de tout ce que vous affirmez sur ce point, il n'y a rien de vrai, tout est
purement faux, et il n'y a pas à discuter. C'est une
question de fait, et le fait est sous nos yeux. Le
fait ici c'est le Nouveau Testament. Ouvrons-le.

Vous dites que : « Saint Pierre veut qu'on sou-
« mette les étrangers à la circoncision et aux di-
« verses pratiques de la loi de Moïse. » « C'est saint
« Paul qui affranchit les Gentils des pratiques de
« la loi de Moïse et qui apporte cette distinction de
« la loi et de la foi qui fait le fond de sa doctrine. »

Or, il se trouve qu'il y a dans les actes des apôtres
deux discours de saint Pierre, l'un pour soutenir,
contre les reproches de quelques judaïsants, que
les Gentils doivent être admis dans l'Église ; l'autre
pour démontrer qu'il ne faut pas soumettre les
Gentils à la loi de Moïse. Les deux discours se
trouvent au chapitre XI et au chapitre XV.

Au chapitre XI, je lis : « Pierre étant de retour
« à Jérusalem, quelques Juifs disputaient contre
« lui, disant : Pourquoi vous mêlez-vous aux in-
« circoncis, et pourquoi mangez-vous avec eux[1] ? »

Pierre répond et raconte comment Dieu même
lui a ordonné d'introduire les Gentils dans l'Église;
puis il ajoute : « Le Saint-Esprit est descendu sur
« eux comme sur nous-même.... Si donc Dieu
« leur a fait la même grâce qu'à nous qui croyons
« en Notre Seigneur Jésus-Christ, qui étais-je,
« moi, pour empêcher le dessein de Dieu[2] ? »
Lisez tout le texte.

Un autre jour (chap. XV), quelques membres
de l'hérésie des Pharisiens dirent : « il faut circon-
« cire les Gentils, et leur ordonner d'observer la
« loi de Moïse[3]. » Sur cela les apôtres se réunissent;
Pierre prend la parole et dit :

« Mes frères, vous savez que Dieu m'avait pré-
« destiné pour annoncer l'Évangile aux Gentils et
« les soumettre à la foi. »

« Dieu qui connaît les cœurs, a manifesté lui-
« même sa volonté, en leur donnant le Saint-
« Esprit comme à nous. »

---

[1] Act. i, 3. — [2] *Ibid.* 15 et 17. — [3] Act. xv, 5.

« Il n'a mis entre eux et nous aucune différence,
« purifiant leur cœur *par la foi.* »

« *Maintenant donc pourquoi tenter Dieu, en*
« *imposant à ses disciples un joug que ni nous ni*
« *nos pères n'avons pu porter ?* »

« Mais c'est par là grâce de Notre Seigneur Jé-
« sus-Christ que nous espérons nous-mêmes être
« sauvés comme eux. »

Voilà tout le discours ; et après cela, Monsieur,
vous prétendez que « saint Pierre veut qu'on sou-
« mette les étrangers à la circoncision et aux di-
« verses pratiques de la loi de Moïse, » et que
« c'est saint Paul qui apporte la doctrine de la foi. »

Jugez vous-même, Monsieur, si de pareilles erreurs sont des erreurs ordinaires, et si je n'ai pas
eu raison d'avancer que vous vous êtes trompé
d'une manière inattendue et invraisemblable.

Mais poursuivons. « Avec saint Pierre, la doc-
« trine n'est encore que la loi ; avec saint Paul,
« elle devient la foi. »

Outre les deux discours qu'on vient de voir,
lisez les dix pages qu'a écrites saint Pierre.

Saint Pierre n'a laissé que deux courtes épîtres
dans lesquelles il n'est question que de la foi.
Le début de chacune des épîtres c'est la foi. Le

mot pris dans son sens plein est répété sept fois dans ce peu de pages, et cette vertu y est exaltée comme étant « la vertu de Dieu qui conserve les « âmes pour *le salut par la foi*[1] : le germe qui, « bien éprouvé, mène les âmes à la gloire de la vie « éternelle[2] : *la vertu dont la fin est le salut des* « *âmes*[3] : le fruit de la résurrection du Christ[4] : la « force qui résiste au mal[5] : le grand don de Dieu « qui nous donne la justice de Dieu[6] : le principe de « la vertu, de la science et de l'amour[7]. » Jamais saint Paul ni personne n'a ajouté la moindre chose à cette doctrine de la foi.

Pourquoi n'avoir pas consulté ces dix pages, les seules que saint Pierre ait écrites, avant de parler de la doctrine de saint Pierre?

En fait, c'est saint Pierre qui brise le joug de

---

[1] I Ep., i, 5. Qui in virtute Dei custodimini per fidem in salutem.

[2] *Ibid.* 7. Ut probatio fidei vestræ inveniatur in gloriam, in revelatióne Jesu-Christi.

[3] *Ibid.* 9. Reportantes finem fidei vestræ, salutem animarum.

[4] *Ibid.* 21. Qui suscitavit eum a mortuis ut fides vestra et spes esset in Deo.

[5] I Ep., v, 9. Cui resistite fortes in fide.

[6] II Ep., i, 1. Qui coæqualem nobiscum sortiti sunt fidem in justitia Dei nostri, etc....

[7] *Ibid.* 5, 6, 7. In fide vestrâ virtutem... in virtute scientiam... in scientiâ... caritatem.

la loi : vous dites que c'est saint Paul. — Saint
Pierre tient un discours pour soutenir contre les
hérétiques qu'il faut admettre les incirconcis dans
l'Église, et que telle est la volonté de Dieu : vous
dites que saint Pierre veut soumettre les Gentils
à la circoncision. — Saint Pierre tient un second
discours, au concile de Jérusalem, sur ce seul sujet, et finit par ce mot bien connu : « ne leur impo-
« sons pas un joug que ni nous ni nos pères n'a-
« vons pu supporter : » et vous dites que saint Pierre
veut soumettre les Gentils aux diverses pratiques
de la loi de Moïse, et qu'il faut attendre saint
Paul pour les délivrer de ce joug. — Saint Pierre
n'écrit que deux épîtres où il ne parle que de la
foi : et vous dites que saint Pierre ne connaît que
la loi ; que c'est saint Paul qui introduit la foi.

Voilà, Monsieur, comment vous montrez dans
saint Pierre les lacunes du dogme ! Voilà comment,
selon vous, *le développement et le progrès de la
nouvelle doctrine est manifeste* de saint Pierre à
saint Paul !

De telles erreurs sont surprenantes, inattendues.

Or, voici ce que j'affirme, c'est que toute la
partie théologique de votre livre est traitée de la
même manière. Cela n'est pas croyable, mais cela

est, et on va le voir. Je n'ai pas choisi mon sujet, je n'ai pas cherché le défaut de la cuirasse. J'ai pris le commencement et je vais aller jusqu'à la fin.

III.

« Le développement et le progrès de la nouvelle
« doctrine est manifeste de saint Pierre à saint
« Paul, de saint Paul à saint Jean ; avec saint
« Pierre elle est la loi, avec saint Paul elle est la
« foi, avec saint Jean elle est l'amour. »

Non-seulement saint Paul a employé le mot amour ($\dot{\alpha}\gamma\dot{\alpha}\pi\eta$) deux fois plus souvent, de compte fait, que saint Jean, et dans le même sens, mais en outre, c'est saint Paul qui a évidemment, sur l'amour, les textes les plus étonnants. Écoutons-le : « L'amour est la plénitude de la loi [1] ; Celui
« qui aime son prochain a rempli la loi [2] ; La fin
« de tout précepte, c'est l'amour [3] ; La foi, l'es-
« pérance et la charité, ces trois choses, dont la

[1] Rom. xiii, 10. Plenitudo legis dilectio.
[2] *Ibid.*, 8. Qui diligit proximum, legem implevit.
[3] I, Tim. i, 5. Finis præcepti caritas.

« plus grande est la charité [1] ; Toute la loi est en
« ce seul mot : tu aimeras ton prochain comme
« toi-même » [2]. Enfin, saint Paul que vous faites
l'apôtre exclusif de la foi, pour réserver l'amour
à saint Jean, saint Paul est justement l'apôtre qui
s'écrie : « Eussé-je la foi au point de transporter
« des montagnes, si je n'ai pas l'amour, je ne suis
« rien [3]. » Donc, selon saint Paul, la foi poussée
jusqu'à transporter les montagnes n'est rien sans
l'amour. Donc, saint Paul n'est pas l'apôtre exclusif de la foi et connaît aussi bien la charité que
saint Jean.

Voilà les faits.

Et sur ces faits vous formulez cette loi : « Avec
« saint Paul la doctrine est la foi, avec saint Jean
« elle est l'amour. »

De telles erreurs dépassent la mesure ordinaire
de l'erreur.

Quant à saint Pierre, non-seulement il avait la

______

[1] I, Cor. XIII. 13. Spes, Fides, Caritas, tria hæc : major autem
horum est caritas.

[2] Galat. V, 14. Lex omnis in uno sermone impletur : diliges
proximum tuum sicut teipsum.

[3] I, Cor. XIII, 2. Si omnem fidem habuero ità ut montes transfe-
ram, caritatem autem non habuero, nihil sum.

2.

doctrine de la foi qui ne serait venue que par saint Paul, et il l'avait, comme nous l'avons vu, dans toute sa plénitude ; mais encore il avait, dans toute sa plénitude aussi, la doctrine de l'amour, qui ne serait venue que par saint Jean. Saint Pierre, dans ses dix pages, nomme quatre fois la charité (ἀγάπη), et c'est de lui qu'est tiré ce texte fondamental et décisif : « La charité couvre la multitude des pé- « chés [1]. » Or, *la rémission des péchés par la charité,* est ce qu'on peut dire de plus fort sur ce sujet.

Et après tout cela, après ces discours de saint Pierre et ses paroles capitales sur la foi, sur l'a- mour ; après cette théorie de la charité formulée par saint Paul, plus énergiquement encore que ne l'a fait saint Jean lui-même ; malgré tout, vous écrivez, comme si vous aviez, pour l'écrire, une raison quelconque : « Le développement et le pro- « grès de la nouvelle doctrine est *manifeste* de saint « Pierre à saint Paul, de saint Paul à saint Jean. « Avec saint Pierre, la doctrine n'est encore que « la loi ; avec saint Paul, elle devient la foi ; avec « saint Jean, l'amour. »

Que dire à cela ?

---

[1] I, Pet. IV, 8. Caritas operit multitudinem peccatorum.

Selon vous, « dans l'Eglise de Jérusalem, qui
« réduisait le Christianisme aux étroites propor-
« tions d'une secte juive, le royaume de Dieu était
« réservé parmi les hommes aux Juifs. » Nous
venons de voir que le premier concile de Jérusalem, par suite du discours de saint Pierre, en décide autrement.

Précédemment déjà saint Pierre avait annoncé
la conversion des Gentils , et après son discours
l'assemblée s'était écriée : « Dieu a donc aussi
« appelé les nations à la pénitence et à la vie. »
L'Église de Jérusalem admet donc les Gentils, et
les admet sans leur imposer la loi. Sans doute il
y eût une secte de judaïsants ; mais c'est précisément l'Église de Jérusalem qui la condamne par
son premier Concile. Aucun des apôtres n'hésite
sur ce point de doctrine. Si saint Paul a pu reprendre saint Pierre qui s'abstint, pendant un
temps, de manger avec les Gentils , saint Pierre
eût pu reprendre saint Paul qui fit circoncire
Timothée. Mais le discours de saint Pierre, trans-
crit ci-dessus, et l'épître de saint Paul aux Galates,
montrent s'ils sont d'accord sur la doctrine.

Quant à saint Jacques, il parle ainsi, après saint
Pierre, au concile de Jérusalem :

*

« Mes frères, écoutez-moi. Simon Pierre vient
« de vous dire comment Dieu a voulu réunir les
« Gentils à son peuple.

« Les prophètes l'avaient annoncé.... *Tous les*
« *autres hommes et toutes les nations chercheront*
« *Dieu :* Mon nom sera invoqué par eux, dit le
« Seigneur qui fait ces choses.... »

« Je juge donc qu'il ne faut pas inquiéter les
« Gentils qui se convertissent à Dieu. »

Voilà ce qui se passe au premier concile de Jérusalem, et vous, Monsieur, vous écrivez que
l'Église de Jérusalem réduit le Christianisme aux
étroites proportions d'une secte juive, et réserve
le royaume de Dieu parmi les hommes aux Juifs.

Comment s'expliquent de pareilles assertions?
Car enfin, sur ces points de fait et de texte, vous
affirmez le contraire précis de ce que nous avons
sous les yeux.

Dans la polémique ordinaire votre adversaire
vous dirait : Vous avez le texte sous les yeux ; vous
affirmez le contraire du texte, vous n'êtes donc
pas de bonne foi. Cela prouverait seulement l'in-
justice et l'inintelligence de la polémique ordinaire. Car l'énormité même de ces erreurs est la
preuve de votre bonne foi. Ce sont là des méprises

cruelles qui gâtent un livre et lui ôtent sa valeur : un auteur, quel qu'il soit, les retranche quand il peut.

Mais alors nous avons sous les yeux, dans un écrivain de bonne foi, un exemple de ce qu'on appelle encore parmi nous, la science discutant le Christianisme !

Poursuivons.

IV.

D'après vous, saint Jean le premier a pu dire « non pas seulement que le Verbe est en Dieu, mais « encore *qu'il est Dieu*[1]. » Dans saint Paul, Jésus-« Christ est proclamé Fils de Dieu ; » mais saint Jean en disant « que le Verbe *est Dieu lui-même*,... « qu'il est la lumière qui éclaire tout homme ve-« nant en ce monde, saint Jean énonce une pensée « nouvelle par rapport à saint Paul[2]. » Il se trouve, malheureusement pour votre thèse, que c'est précisément à saint Paul qu'appartient cette pa-role : *Christus qui est Deus ; le Christ qui est Dieu :*

<hr>

[1] T. I, p. 193. — [2] *Ibid.,* p. 194.

donc saint Paul a dit que le Christ est Dieu. Mais comme si cette manière de s'exprimer : « Le Christ « est Dieu » n'était pas encore assez claire pour dire que le Christ est Dieu, saint Paul a trouvé moyen d'appuyer sur chaque mot et a dit [1] : « Le « Christ qui est au-dessus de tout, le Dieu béni « dans tous les siècles. » Cependant, selon vous, ce n'est point saint Paul, c'est saint Jean qui, le premier, a pu dire le Christ est Dieu.

Si ce texte de saint Paul ne suffit pas, il y en a d'autres :

« Nous attendons, dit saint Paul, la manifesta-« tion de la gloire de notre grand Dieu et Sau-« veur Jésus-Christ [2].

« Nous avons vu l'humanité, la bonté de notre « Dieu sauveur [3].

« En Jésus-Christ habite corporellement la plé-« nitude de la divinité [4]. »

---

[1] Rom. ix, 5. Christus qui est super omnia Deus benedictus in sœcula.

[2] Tit. ii, 13. Expectantes adventum gloriæ magni Dei, et salvatoris nostri Jesu-Christi.

[3] Tit. iii, 4. Benignitas et humanitas apparent salvatoris nostri Dei.

[4] Coloss. ii, 9. In Christo-Jesu inhabitat omnis plenitudo divinitatis corporaliter.

Mais ce qui vous paraît essentiel, c'est que l'*égalité* du Fils et du Saint-Esprit au Père, est un point qui s'est développé très-tard.

Or, c'est précisément encore saint Paul qui a dit du Christ : « Étant formellement Dieu, il n'a « pas cru injuste de se dire *égal à Dieu*[1] ; mais il « a pris la forme d'un esclave, s'est anéanti, a été « fait semblable à l'homme et s'est montré sous « forme humaine[2]. »

Il est donc clair que les dix-huit siècles de Christianisme n'ont pas ajouté un iota à la doctrine de saint Paul sur la divinité de Jésus-Christ, ce qui est si vrai que, dès les premiers temps, les manichéens, ainsi que Porphyre et Julien, ont soutenu que c'était saint Paul qui avait déifié Jésus-Christ.

Donc, ici encore, Monsieur, il est manifeste que vous affirmez le contraire des textes clairs, décisifs, surabondants, qui se trouvent partout, qui frappent les yeux.

Ainsi que je l'ai annoncé, il n'y a pas ici à discuter.

---

[1] *Ibid.* Qui cùm in formâ Dei esset, non rapinam arbitratus est esse se æqualem Deo.

[2] *Ibid.* Sed formam servi accipiens semetipsum eximanivit *in similitudinem hominis factus et habitu inventus ut homo.*

Et voilà comment vous montrez que saint Paul ne connaissait pas encore la divinité de Jésus-Christ.

Vous comprenez que je réprime continuellement, en analysant cette incroyable histoire du dogme chrétien, l'expression de mon étonnement profond, et cette espèce de soulèvement involontaire qu'excite toujours l'erreur poussée trop loin. Mais aussi je crois avoir le droit de poser ma question. Je l'adresse à votre bonne foi, qui m'est connue ; je l'adresse à tous ceux qui liront ces pages :

Est-il permis de continuer plus longtemps à traiter ainsi la recherche de la vérité, la question du salut du monde ?

V.

Sur la doctrine du Saint-Esprit, dont, selon vous, saint Jean n'aurait pas eu connaissance, comme Personne divine distincte et égale aux deux autres, vos erreurs, Monsieur, sont beaucoup moins graves. Vous pouvez, à la rigueur, discuter l'authenticité de ce verset de saint Jean : « Il y « en a trois qui rendent témoignage dans le ciel : « le Père, le Verbe, le Saint-Esprit ; et ces trois « sont une même chose. » Vous pouvez, à la rigueur, à la grande rigueur, sans doute, disputer sur le texte de l'évangile selon saint Matthieu, très-antérieur à saint Jean, et ne pas voir la Trinité dans ces mots : « Allez et enseignez toutes les « nations, les baptisant *au nom du Père* et *du Fils* « et *du Saint Esprit.* » Vous pouvez ignorer que, dès l'origine de l'Église chrétienne, le baptême était nul quand il n'avait été donné qu'au nom du Père et du Fils. On peut ne pas connaître les textes de saint Jean qui montrent que le Saint-Esprit est Dieu. Et comme il se trouve que saint Jean n'a pas écrit ces propres mots. « Le Saint-Es- « prit est Dieu égal au Père et au Fils, » l'erreur, ici, est d'un autre ordre que si saint Jean les ayant écrits, on soutînt qu'il ne les a pas écrits, comme quand vous affirmez que saint Paul n'a pas dit que le Christ fût Dieu, tandis que saint Paul a dit : « Le Christ est Dieu. » N'insistons donc pas trop. Vous vous êtes trompé sur ce point ; mais, enfin, l'erreur ne dépasse pas ici les limites ordinaires de l'erreur.

Toujours est-il qu'il ne reste absolument rien de toutes vos conclusions relatives au Nouveau-Testament. Vous avez manifestement énoncé partout le contraire même des faits textuels que nous voyons.

Voilà, Monsieur, de quelle manière vous établissez, par l'histoire et la comparaison des textes, le progrès de la théologie chrétienne chez les apôtres et les lacunes du dogme chez saint Pierre, saint Jacques et saint Paul comparés à saint Jean.

Ainsi nous combattent les meilleurs de nos adversaires; telle est la science qu'ils nous opposent.

Et c'est avec cette science-là qu'on étouffe la foi dans le cœur des jeunes hommes. Et c'est avec cette même science que ces jeunes hommes vont détruire dans l'âme des enfants la foi qui donne la vie. Les ténèbres du doute, l'ivresse des sens vont régner sur ces âmes éteintes. Mais qu'y faire? C'est la science qui parle!

VI.

SAINT JUSTIN.

Nous passons aux pères de l'Église. Voici d'a-
bord saint Justin.

Selon vous, Monsieur, saint Justin n'a connu
ni le dogme de la Trinité, ni celui de la divinité
de Jésus-Christ, ni celui de la création.

Pour saint Justin, dites-vous, « Dieu, le Verbe,
« l'Esprit-Saint, ne sont point encore trois hypos-
« tases d'une seule et même nature divine, mais
« seulement trois principes inégaux en nature et
« en dignité, dont le premier seul est Dieu [1]....
« il y a loin de là au dogme de la Trinité [2]. »
Saint Justin ne connaît donc ni la Trinité, ni la
divinité de Jésus-Christ. « Sur la divinité de Jé-
« sus-Christ, dites-vous, saint Justin ne s'explique
« pas formellement [3]. »

Or, ceci est fondé, permettez-moi de le dire,

[1] T. I, p. 230. — [2] Ibid. — [3] Ibid.

1° sur ce que vous ne tenez pas même compte des textes que vous citez et que vous transcrivez ; 2° sur ce que, dans un passage de saint Justin, vous prenez l'objection pour la réponse ; 3° sur ce que vous donnez, arbitrairement, à un autre passage un sens impossible, inouï, absolument contraire à la pensée de saint Justin manifeste par d'autres textes.

1° Saint Justin, d'après vous, reconnaît trois principes, « dont le premier seul est Dieu. »

Or, vous citez vous-même, quelques lignes plus haut, ce texte de saint Justin : « LE VERBE EST FILS DE DIEU, DIEU LUI-MÊME [1]. »

Comment alors prétendez-vous que saint Justin reconnaît trois principes *dont le premier seul est Dieu ?*

Permettez-moi, Monsieur, d'attirer votre attention sur ceci :

Vers le haut de cette page 230, je lis que, selon saint Justin, le Verbe *est Dieu lui-même.* Au bas de la page je lis que, selon saint Justin, il y a simplement trois principes *dont le premier seul est*

----

[1] Tryphon. p. 224. Καὶ θεὸς θεοῦ υἱὸς ὑπάρχων.

Dieu. En note, vous citez ce texte de saint Justin : *il est Dieu, Fils de Dieu.* Et vous donnez le texte grec que voici : θεος θεοῦ υἱὸς ὑπάρχων.

Maintenant, Monsieur, je vous demande ce que vous voulez dire quand après avoir affirmé que, selon saint Justin, le Verbe est Dieu, vous affirmez, dans la même page, que, selon saint Justin, le Verbe n'est pas Dieu.

Quel usage faites-vous du discours, des propositions que vous énoncez, des mots que vous employez? Comment travaillez-vous? Quel compte vous rendez-vous de ce que vous écrivez?

Que penseront vos lecteurs de cette page à laquelle je les rends attentifs? Je déclare que je l'ai travaillée pendant plusieurs heures et relue plus de vingt fois, à différentes époques, pour m'assurer que je ne me trompais pas. J'y ai toujours trouvé ce que j'y avais vu la première fois : des contradictions absolues dont il n'y a aucune possibilité de se tirer. C'est une page à laquelle il faut s'arrêter, qui termine le débat, qui juge le livre, qui décide et prouve simplement que votre analyse des textes n'a point de rapport aux textes. Si quelque lecteur de ma lettre suppose que j'exagère, qu'il lise la page lui-même. Il y trouvera ces mots à la dixième ligne : *Il est le Verbe… Dieu lui-même.* Vers le bas de la page, il lira : *Dieu, le Verbe, l'Esprit…, trois principes inégaux dont le premier seul est Dieu.* Il trouvera en note le texte de saint Justin : *Dieu, Fils de Dieu.* A côté de cette note, qui pose que le Verbe est Dieu, il lira que *Philon n'avait pas considéré le Verbe divin comme Dieu;* puis, vers le milieu de la page, il verra que *la théologie de saint Justin reproduit exactement celle de Philon.* » Tout au bas, à la dernière ligne, il trouvera que, *sur la divinité de Jésus-Christ, saint Justin ne s'explique pas formellement,* et enfin, à l'autre page, vers le haut, on lira que saint Justin *affirme la divinité du Christ.* On le voit, c'est une complication de *pour* et de *contre* absolument inextricable.

Mais ce n'est pas tout. Voici qui est plus surprenant encore :

Dans cette page qui résume votre travail sur la théologie de saint Justin, nous venons de voir que vous affirmez deux fois que, selon saint Justin, le Verbe est Dieu; en outre, vous citez son texte : il est Dieu, Fils de Dieu. D'un autre côté, vous affirmez une fois que, selon saint Justin, le

Verbe n'est pas Dieu, et, une autre fois, que saint Justin ne s'explique pas formellement sur ce point. On se demande ce que vous allez conclure de là. Le voici : vous concluez que, selon saint Justin, le Verbe n'est pas Dieu.

Pourquoi ?

Parce que telle est votre thèse : il n'y a pas d'autre raison.

Votre analyse elle-même, telle que vous l'exposez, donne surtout que le Verbe est Dieu, quoiqu'elle donne aussi le contraire. Vous en concluez simplement qu'il n'est pas Dieu. Et vous maintenez cette conclusion comme bien acquise, pendant le reste de votre ouvrage. Vous déduisez de là que, jusqu'après Origène, *la théologie chrétienne a maintenu le Verbe en dehors de la nature divine* [1]. D'où vous concluez enfin que c'est sous l'influence du Néoplatonisme que s'est produite la vraie formule du dogme de la Trinité, *ce qu'il fallait démontrer.*

Évidemment, une telle page déchire un livre.

Poursuivons, cependant.

[1] T. I, p. 298.

Sur la divinité de Jésus-Christ, on ne peut pas être plus explicite que saint Justin.

Voici des textes.

« Notre médecin, c'est le Christ-Dieu [1].

« Le Christ est le Seigneur, il est Dieu, Fils de « Dieu [2]. — Il est le Verbe, Fils premier né de « Dieu, Dieu lui-même [3]. — Il est le Verbe de Dieu, « inséparable de Dieu dans sa puissance, et qui a « pris sur lui l'humanité [4]. »

Dans le dialogue contre Tryphon, saint Justin reproche aux Juifs leur aveuglement, qui les empêche de reconnaître « que le Christ est Dieu, « étant Fils du Dieu unique, inengendré et ineffa- « ble [5]. »

Il l'appelle ailleurs : « Seigneur Dieu, Fils de Dieu [6]. »

Enfin, ce qui est capital, c'est que saint Justin attribue au Fils la divine parole « Je suis Celui qui

[1] Fragm. p. 595. Ὁ ἡμέτερος ἰατρὸς Χριστὸς ὁ Θεός.

[2] Triph. p. 224. Κύριος ὢν ὁ Χριστὸς, καὶ Θεὸς Θεοῦ υἱὸς ὑπάρχων.

[3] 1 Apol. p. 82. Λόγος πρωτότοκος ὢν τοῦ Θεοῦ, καὶ Θεὸς ὑπάρχει.

[4] Ad Græc. p. 34. Ὃς τοῦ Θεοῦ ὑπάρχων λόγος, ἀχώριστος δυνάμει, ἀναλαβὼν ἄνθρωπον.

[5] Triph. p. 355. Εἶναι Θεὸν, τοῦ μόνου καὶ ἀγεννήτου καὶ ἀῤῥήτου Θεοῦ υἱόν.

[6] Triph. p. 357. Κύριον καὶ Θεὸν, Θεοῦ υἱον ὑπάρχοντα.

« est, » et il remarque que ce nom convient en effet au Dieu éternel [1].

Il est bien entendu qu'en disant Fils de Dieu,
saint Justin veut toujours dire, comme le concile
de Nicée, Fils unique de Dieu, « Celui qui seul est
« proprement appelé Fils de Dieu [2], le Fils unique
« du Père de toutes choses [3]. »

Dans le passage que vous citez pour montrer
que saint Justin n'a pas l'idée de la distinction des
personnes dans l'unité de la nature divine, vous
prenez, comme étant de saint Justin, les assertions
qu'il cite en les repoussant. Vous prêtez ceci à
saint Justin : « C'est une puissance qui ne peut
« être détachée ni séparée du Père, pas plus que
« la lumière sur la terre ne peut être séparée du
« soleil. » Non, reprend saint Justin, « cette puis-
« sance, que la parole prophétique nomme *Dieu*,
« n'est pas seulement, en Dieu, un autre nom,
« comme la lumière pour le soleil ; mais c'est *un*
« *autre subsistant* [4]. Ce sont, comme deux lumiè-
« res dont l'une a allumé l'autre [5]. »

---

[1] Cohort. p. 19-20. Τῷ ἀεὶ ὄντι Θεῷ προσήκειν.

[2] Apol. 1. Ὁ δὲ υἱὸς ἐκείνου ὁ μόνος λεγόμενος κυρίως υἱὸς.

[3] Triph. p. 33. Μονογενὴς τῷ πατρὶ τῶν ὅλων.

[4] Triph. p. 221. Ἀριθμῷ ἕτερόν τι.

[5] *Ibid.* Ὁποῖον ἐπὶ πυρὸς ὁρῶμεν ἄλλο γινόμενον.

3.

Saint Justin revient souvent sur cette comparaison d'une lumière qui en allume une autre. Or, comme le remarque Bullus, quelle meilleure comparaison eût-on pu prendre pour exprimer à la fois la distinction, l'égalité, la consubstantialité, la paternité et la filiation, que celle de deux flambeaux dont le premier allume le second. Cette comparaison est tellement la vraie, que c'est celle du concile de Nicée : « *Lumen de lumine,* » et le concile semble l'avoir empruntée à saint Justin.

Enfin, vous donnez arbitrairement un sens inouï à ce texte de saint Justin, d'ailleurs si clair : « Nous plaçons le Père en premier lieu, le « Fils en second, le Saint-Esprit en troisième « lieu. »

C'est ce que l'on a nommé, en théologie, la *subordination* des personnes. Le Père étant inengendré, le Fils engendré du Père, le Saint-Esprit procédant des deux, nous devons placer nécessairement, dans la formule du dogme, le Père en premier lieu, le Fils en second lieu, le Saint-Esprit en dernier lieu. Une autre *syntaxe,* comme s'exprimaient les Grecs, ou l'absence de *syntaxe,* serait une hérésie ou une grave lacune dans le dogme ; et c'est précisément pour cela que Bullus, dans sa défense de la foi de Nicée, a toute une grande thèse pour prouver que la *subordination* des personnes (quant à l'origine, non quant à la nature), était connue et enseignée par les plus anciens Pères. C'est ce qu'on enseigne encore aujourd'hui au catéchisme quand on demande : Quelle est la première personne de la Trinité? Quelle est la seconde? Quelle est la troisième?

De sorte que, quand vous croyez voir dans ce texte de saint Justin, à cause de cette subordination, trois principes inégaux, c'est juste comme si vous trouviez ces principes inégaux dans le texte actuel du catéchisme.

Vous assurez enfin que saint Justin n'a pas connu le dogme de la création ; que pour « conci-« lier Platon et la Genèse, saint Justin fonde sur les « paroles de Moïse la doctrine d'une matière pré-« existante à l'œuvre de la création. » Au lieu de cela, saint Justin, à propos des paroles de Moïse que vous citez, déclare que Platon « les a lues, mais « ne les a pas comprises [1] puisqu'il a cru voir « une matière préexistante dans cette terre invi-« sible et incomposée de Moïse. » Au même livre,

[1] Cohort. n. 29.

saint Justin reproche encore à Platon d'avoir fait
la matière éternelle et incréée [1], et il définit [2],
l'idée précise de création en distinguant le créateur
($\pi o i \eta \tau \eta \varsigma$) du démiurge, de l'ouvrier : « Le créateur
« est celui qui n'a besoin que de sa force et de sa
« puissance pour faire ce qu'il fait; le démiurge
« construit son œuvre avec la matière qui lui est
« donnée [3]. » Loin de vouloir concilier Platon
et la Genèse sur ce point, saint Justin attaque à ce
sujet Platon de la manière la plus dure, lui reprochant de mentir ou de se contredire en faisant la
matière éternelle.

C'est donc ainsi que, « dans la question de la
« création, le Platonicien, reparaît ! »

Vous voyez, Monsieur, que vous attribuez à
saint Justin, toujours par suite des plus étranges
méprises, sur quelques textes que vous ne lisez pas
attentivement, une opinion contraire à la sienne.

Cela posé, je vous prie de remarquer qu'il ne
reste absolument rien de tout ce que vous avancez de saint Justin.

Je vous dirai, en terminant, ce qui m'a le plus
choqué dans votre analyse de ce Père. Ce n'est

---

[1] Cohort. n. 23. — [2] *Ibid.* n. 22. — [3] *Ibid.* n. 23.

pas l'étrange complication de la page 13o. C'est
cette phrase qui la suit immédiatement[1] : « Quelle
« est la distinction des deux natures divine et
« humaine dans le Sauveur, *où finit le Dieu, où*
« *commence l'homme*[2]*? Saint Justin n'a pas même*
« *le soupçon de ces difficultés.* »

Nous venons de voir que vous ne savez pas ce
qu'a dit saint Justin, et vous parlez de ce qu'il a
soupçonné ou n'a pas soupçonné ! Vous ne connaissez pas les textes fondamentaux: vous concluez
de ceux que vous citez et que vous traduisez, le
contraire de ce qu'ils énoncent, dans votre traduction elle-même. Et comme si vous connaissiez
saint Justin, de manière à l'avoir pénétré jusqu'au
fond, saisi dans l'ensemble, pesé dans les détails, vous portez ce jugement décisif et délicat :
« Saint Justin n'a pas même le soupçon de ces
« difficultés. »

En y réfléchissant un instant vous comprendriez
qu'il ne vous est permis de parler ainsi sur aucun
point de théologie. Un tel jugement ne pourrait
convenir qu'à la science d'un bénédictin.

---

[1] T. I, p. 131.

[2] Je ne relève pas cette faute de théologie. Ce n'est pas ici la
question.

Dans votre analyse de la lettre à Diognète se trouve quelque chose de bien surprenant encore. Vous prétendez que « l'esprit philosophique, est « manifeste dans cette lettre. La philosophie y est « considérée comme une introduction à la foi, « tout aussi légitime et tout aussi efficace que la « tradition..... Nulle part il n'y est fait appel à « l'autorité des apôtres [1]. »

Mais voici qu'en ouvrant cette épître j'y rencontre ceci : « Quel homme eût connu Dieu, si « Dieu lui-même n'était venu ? Est-ce cette vaine « et stérile philosophie qui nous l'eût fait con-« naître ?.....

« Quant à moi, je suis disciple des apôtres et « c'est pour cela que je suis docteur des nations : « ce que me livre la tradition, je le transmets à « des disciples dignes de la vérité. »

Assurément, on ne peut être plus malheureux dans l'analyse d'un texte.

Car, prenez au hasard une lettre quelconque d'un Père de l'Église, et dites, avant de l'ouvrir : « nulle part il n'y est fait appel à l'autorité des apôtres ; » il est probable d'avance que vous aurez

[1] T. 1, p. 227

raison. Pourquoi, en effet, l'auteur s'écrierait-il
précisément dans cette lettre là : « Quant à moi,
« je suis disciple des apôtres, c'est pourquoi je
« suis docteur des nations. » Il n'existe peut-
être qu'une seule lettre où l'on trouve ce texte.
En ouvrant l'épître à Diognète je risquais donc
beaucoup de ne le pas trouver et vous eussiez pu
dire : vous le voyez, il ne fait pas appel à l'autorité
des apôtres. Mais non : c'est dans cette lettre
même que se lisent justement ces mots : « Quant à
« moi, je suis disciple des apôtres et c'est pour-
« quoi je suis docteur des nations. »

J'avais donc raison d'annoncer que dans cette
partie théologique de votre livre, tout était aussi
faux que le commencement.

VII.

ATHÉNAGORE.

Vous soutenez, Monsieur, qu'Athénagore comparé à saint Justin « est plus explicite et plus

« précis sur la Trinité [1]. » ...... « que sa doctrine
« marque un progrès sensible dans le dogme de la
« Trinité; que toutefois elle est encore fort loin
« de la doctrine précise et complète à laquelle la
« théologie chrétienne arrivera plus tard [2]. »

D'abord, qu'est-ce qu'un progrès du dogme
chrétien dans deux pères qui sont contemporains?
Il ne peut y avoir là de progrès. Il y a l'un des deux
écrivains qui se trouve avoir parlé de ce point plus
que l'autre, voilà tout. Si saint Justin n'avait rien
dit de la Trinité (ce qui eût été très-possible),
Athénagore le suppléerait, et nous aurions le droit
de conclure d'Athénagore à toute son époque.
En tout cas, il n'y a pas là de progrès.

Mais d'un autre côté, si Athénagore a écrit ceci :
« Le Fils de Dieu est le Verbe du Père, son idée et
« opération. Tout a été fait par lui et en lui : Le
« Père et le Fils sont un ; le Fils est dans le Père,
« le Père est dans le Fils, dans l'unité et la vertu
« du Saint-Esprit [3]. » Que voulez-vous de plus
explicite ? On ne parle pas autrement aujourd'hui.
Athénagore répète la même chose plusieurs fois.

Athénagore dit ailleurs : « On nous appelle

---

[1] T. 1, p. 232. — [2] T. 1, p. 233. — [3] Legat. pro Christ, § 10.

« athées, nous qui annonçons Dieu le Père, Dieu
« le Fils et le Saint-Esprit, et qui enseignons l'unité
« de leur puissance et l'ordre de leur distinction. »

Dites-moi, monsieur, en quoi ceci « est encore
« fort loin de la doctrine précise et complète de
« la Trinité[1]. » C'est là le dogme précis.

Comment aussi, pouvez-vous attribuer à Athénagore l'opinion que le monde est la substance
et le corps de Dieu, opinion qu'il cite en l'attri-
buant aux Péripatéticiens, et en prouvant que,
même dans ce cas, on ne devait pas adorer la
matière; comment, dis-je, pouvez-vous attribuer
cette opinion à Athénagore, lui qui, dans le même
paragraphe, parlant en son propre nom, affirme :
« que le monde a été fait par Dieu; que Dieu
« n'en avait pas besoin; que Dieu se suffit à lui-
« même; que le monde est une maison, un instru-
« ment[2] : » lui qui, dans le même traité (n° 4,
p. 282), s'exprime ainsi : « Comment peut-on nous
« appeler athées, nous qui séparons Dieu de la
« matière, qui disons que Dieu est une chose et la
« matière une autre; qui démontrons la distance

---

[1] Legat. pro Christ, § 10. — [2] *Ibid.* § 16.

« qu'il y a entre ces deux principes ; Dieu étant
« incréé et éternel.... et la matière créée et cor-
« ruptible [1]. »

Ainsi donc, Monsieur, il ne reste rien de votre
critique d'Athénagore.

VIII.

TERTULLIEN.

Vous traitez bien mal Tertullien.

Tertullien, dites-vous, tendait à entraîner le
Christianisme « dans un véritable sensualisme, à
« peine relevé par le sentiment religieux [2]. » Bossuet n'en jugeait pas ainsi : mais passons.

Vous prêtez à Tertullien l'énormité que voici :
« Le Verbe n'est pas la raison même de Dieu ; il
« en est, comme l'indique le mot, l'expression,
« la production extérieure [3]. Dieu en soi est le
« Dieu caché, inaccessible ; il s'est révélé aux

---

[1] Legat. pro Christ. § 4. — [2] T. I, p. 243. — [3] T. I, p. 244.

« hommes dans la personne du Verbe. Cette ré-
« vélation n'est pas *adéquate* à la nature même
« de Dieu [1]. »

D'où il suivrait que, selon Tertullien, le Verbe
n'est pas Dieu, et n'est que l'expression, la production extérieure de la raison même de Dieu.

Nouvelle preuve, selon vous, que le Christianisme n'a connu le Verbe comme vrai Dieu, égal
au Père, n'a connu dès lors la vraie formule de la
Trinité, qu'après Origène, et sous l'influence du
Néoplatonisme.

Mais voici que tout au contraire Tertullien est
tellement net, ferme et précis sur la divinité du
Verbe et le dogme de la Trinité, qu'il semble avoir
écrit après le concile de Nicée.

Il n'y a pas un mot dans le symbole de Nicée
qui ne se retrouve textuellement dans Tertullien.

Tertullien nomme le Verbe *Dieu de Dieu* et
Lumière de lumière. Ce sont les propres mots
qui depuis, sont entrés de toutes pièces dans le
symbole de Nicée [2]. Pour Tertullien, le Verbe est
Fils unique du Père [3] ; — *de même et indivisible*

---

[1] T. I, p. 240.
[2] Apolog. cap. 21. De Deo Deus, lumen de lumine.
[3] Prax. cap. 7. Unigenitus.

substance [1] ; — *de même substance* [2] ; — *Fils né de la substance du Père* [3] ; — *Dieu, Fils de Dieu, dans l'unité de la substance* [4].

Dans son livre *De Carne Christi,* Tertullien distinguant dans le Christ les deux natures, divine et humaine, affirme *l'égale vérité de ces deux natures* [5], c'est-à-dire que le Christ est vrai Dieu comme il est vrai homme.

Le concile de Nicée n'a rien ajouté à cela.

Voici le texte du Symbole de Nicée : « Fils uni- « que de Dieu, lumière de lumière, vrai Dieu né « du vrai Dieu, consubstantiel au Père. » C'est là tout. Ce tout, vous venez de le lire dans Tertullien textuellement.

Mais ce sur quoi Tertullien est admirablement explicite, c'est sur *l'égalité* du Fils et du Père, égalité que vous tenez si fort à ne trouver, Monsieur, que dans le concile de Nicée, par suite de l'influence du Néoplatonisme. Or saint Athanase,

---

[1] Ad Prax. cap. 13. Unius et indivisæ substantiæ.

[2] Contra. Marcion. lib. III, cap. 6. Ejusdem substantiæ.

[3] Contra Prax. cap. 4. Filium.... de substantia Patris.

[4] Apolog. cap. 21. Filium Dei dictum ex unitate substantiæ.

[5] De Carn. Christ., cap. 5. *Æquá* utique *naturæ veritate* cujusque. — Hic *Deus,* hic *et homo verus.* Carm. ad Marc.

en disant formellement dans son Symbole *égal
au Père* [1], n'a rien dit que Tertullien n'ait dit
et répété. Pourquoi non, puisque saint Paul lui-
même avait déjà dit le mot : *égal à Dieu* [2]?

Que voulez-vous de plus fort que ceci : « Le
« Fils est par son propre droit Dieu tout-puis-
« sant [3]. »

Mais voici maintenant le mot même : « Le créa-
« teur a tout donné à ce Fils non moindre que
« lui-même [4]. »

Et Tertullien a employé le propre mot d'*égalité* en trois endroits au moins. « Ce Verbe Dieu,
« peut être justement *égalé à Dieu* [5]. — Dieu le
« pose *égal à lui-même* [6]. » Enfin dans l'Évangile,
le Christ ayant dit : « Moi et mon Père sommes un,
« il en résulte, remarque Tertullien, que le Christ
« montre deux personnes qu'*il égale* et unit [7]. »

---

[1] Æqualem Patri secundum divinitatem.

[2] Æqualem Deo.

[3] Adv. Prax., cap. 17. *Filius.... suo jure Deus omnipotens.*

[4] Contrà Marcion., lib. 4, cap. 25. *Non minori* se tradidit omnia *Filio* creator.

[5] De resurect. carnis. cap. 6. Sermo enim *Deus* non rapinam
existimavit *pariari Deo.*

[6] Ad Prax., cap. 7. *Parem* sibi facies.

[7] Adv. Prax., cap. 22. Unum sumus « dicens.... Ostendit duos
esse, quos *æquat* et jungit. »

C'est pour cela que, selon Tertullien, *il est, par son propre droit, Dieu tout-puissant.*

Comment pouvait faire Tertullien pour exprimer plus énergiquement la divinité du Christ?

Tertullien a exprimé que le Christ est Dieu, précisément avec l'énergie même que son style comportait.

Pour ce qui est de la Trinité, il n'y a pas la plus petite lacune dans Tertullien. On n'a que l'embarras du choix des citations. Nous proclamons, dit-il, « la Trinité d'une seule divinité, Père, Fils « et Saint-Esprit [1]. » Ailleurs : « Maintenons « toute l'économie du mystère sacré, l'unité dans « la Trinité, le Père, le Fils, le Saint-Esprit, qui « sont trois... dans l'unité d'une même substance, « d'un même pouvoir, d'une même condi- « tion [2]. » Enfin, si vous voulez entendre parler Tertullien textuellement comme Athanase, écoutez ceci : « Le Père est Dieu, le Fils est Dieu, le

---

[1] De Pudicitia, cap. 21. Trinitatem *unius divinitatis*, Patrem, Filium et Spiritum sanctum.

[2] Adv. Prax., cap. 2. Custodiatur æconomias sacramentum, quæ *unitatem in trinitate* disponit, tres dirigens Patrem, Filium et Spiritum sanctum, tres autem... unius substantiæ et unius status et unius potestatis.

— 49 —

« Saint-Esprit est Dieu, chacun d'eux est Dieu,...
« et cependant nous n'avons jamais dit deux dieux
« ni deux seigneurs [1] »

C'est le symbole de saint Athanase : « Le Père
« est Dieu, le Fils est Dieu, le Saint-Esprit est
« Dieu, et cependant il n'y a pas trois dieux,...
« il n'y a pas trois seigneurs. »

Je crois qu'en s'y appliquant, on recompose-
rait la totalité du symbole de saint Athanase, verset par verset avec des centons de Tertullien.

Qu'opposez-vous, monsieur, à tous ces textes,
dont assurément vous n'aviez pas connaissance?
Vous opposez un texte tiré du livre contre Praxeas,
cap. V, dont vous donnez ainsi la traduction :
« Le Verbe n'est pas la raison même de Dieu ; il
« en est, comme l'indique le nom, l'expression,
« la production extérieure. » Vous ne citez pas
le texte latin, vous renvoyez au livre contre
Praxeas, cap. V. J'ouvre celui-ci à l'endroit indiqué. Je n'y trouve pas ce que vous dites, mais
j'y trouve le contraire que voici : « Avant toutes
« choses, Dieu était seul, étant lui-même son

____

[1] Adv. Prax., cap. 13. Et Pater Deus, et Filius Deus et Spiritus
Sanctus Deus et Deus unusquisque ... duos tamen Deos et duos
dominos nunquam ex ore nostro proferimus.

4

« monde, son lieu, son tout : seul, puisqu'il n'y
« avait alors rien que lui seul. Cependant, même
« alors, on peut dire qu'il n'était pas seul, car il
« avait avec lui, il avait en lui-même, *sa raison ;*
« cette raison est ce que les Grecs nomment λόγον,
« et ce que nous appelons Verbe (*sermonem*).[1] »
Cela est clair : ce Verbe c'est la raison de Dieu.

Il est vrai qu'ensuite Tertullien pose une distinction entre les deux mots *ratio* et *sermo*, laquelle
d'ailleurs, à son avis, importe peu [2]. C'est cette
distinction qui vous a trompé. Vous avez cru que,
selon Tertullien, le Verbe n'est que ce qu'il appelle *sermo* et non *ratio*. Mais Tertullien s'explique ici et ailleurs, sur ce point, de manière à rendre
toute équivoque impossible. Par exemple, il n'y
a rien à répliquer à ceci : « Et parole de Dieu
« (*sermo*) et raison de Dieu (*ratio*), et parole de sa
« raison et raison de sa parole, Jésus-Christ, notre

---

[1] Adv. Prax., cap. 5. Ante omnia enim Deus erat solus, ipse
sibi et mundus et locus et omnia. Solus autem, quia nihil aliud ex-
trinsecùs præter illum. Ceterùm, ne tunc quidem solus ; habebat
enim secum, quam habebat in semetipso, rationem suam scilicet.
Rationalis enim Deus, et ratio in ipso prius ; et ita, ab ipso omnia.
Quæ ratio, sensus ipsius est. Hanc Græci λόγον dicunt, quo voca-
bulo etiam sermonem appellamus

[2] *Ibid.* Tamen et sic, nihil interest.

« Seigneur, est l'un et l'autre [1]. » C'est justement
pour cela qu'au lieu même que vous citez, Tertullien dit que « cette distinction n'importe pas
« (*nihil interest*). »

Il ne faut rien ajouter à ce qui est décisif, c'est
pourquoi j'omets les autres textes. Permettez-moi
seulement une exception pour celui-ci : « Quelle
« que soit la *substance* de cette parole, je la nomme
« *personne* et je lui donne le nom de Fils [2]. »
Ceci explique la distinction posée entre *raison* et
parole dans le paragraphe que vous citez. Mais il
résulte du tout, sans équivoque possible, comme
on le voit, que le Fils, notre Seigneur Jésus-
Christ, le Verbe, est la raison même de Dieu,
selon Tertullien.

Jugez vous-même, Monsieur, la valeur de votre
analyse de Tertullien, qui, selon vous, ne reconnaît pas le Verbe la raison même de Dieu, mais
seulement son expression et sa production extérieure.

---

[1] Adv. Prax., cap. 5. Et Dei sermo, et Dei ratio, sermo rationis,
et ratio sermonis.... utrumque Jesus-Christus Dominus noster.

[2] Quæcumque ergò substantia sermonis fuit, illam dico *perso-
nam* et illi nomen Filii vindico. (Adv. Prax. cap. 7.)

4.

Vous le voyez, le témoignage de chacun des pères que vous citez pour y montrer les lacunes du dogme, se tourne contre vous. Un seul suffisait pour renverser votre thèse, cette thèse désespérée qui ose soutenir que la théologie chrétienne, jusqu'à Origène inclusivement, a maintenu le Verbe et l'esprit en dehors de la nature divine [1]. Elle est entièrement renversée, sans qu'il en reste rien, par la lecture du Nouveau - Testament; elle l'est entièrement par saint Justin seul; entièrement par Athénagore seul; entièrement par Tertullien seul.

IX.

Permettez-moi maintenant un repos, une digression, au milieu de cette polémique qui m'attriste. C'est réellement une lettre que je vous écris. Mon intention, vous le savez, était de vous la présenter avant de l'imprimer. Vous ne l'avez

[1] T. I, p. 251.

pas voulu. Je pensais, quand vous l'auriez lue,
vous adresser une audacieuse proposition. Je crois
avoir montré que vous vous êtes trompé. J'espérais qu'après avoir lu mes remarques vous le comprendriez vous-même. Je vous aurais alors proposé de supprimer votre livre, de retirer toute
l'édition, et j'aurais retiré ma critique.

Mais non. Ces choses ne se font pas. Ces péné-
trantes illuminations acceptées par de grands
courages ne sont pas de ce temps. Nous sommes
trop faibles, trop languissants pour la vérité.

Alors, sauvons du moins la charité et n'aug-
mentons pas le mal sous prétexte de le guérir.

Je me suis souvent demandé s'il est réellement
impossible qu'une discussion serve à quelque
chose, et s'il est nécessaire que la parole de deux
esprits qui se combattent ne serve jamais qu'à
irriter ou aveugler.

Ne peut-on donc repousser l'erreur sans semer
la colère? Un homme ne peut-il dire à un autre
homme : Vous vous trompez ; ne peut-il au besoin
lui dire : vous êtes coupable, sans provoquer par
sa faute ou par celle d'autrui, l'endurcissement,
l'aveuglement, la haine peut-être? Ne peut-on
disputer sans augmenter, par la dispute, l'anta-

gonisme des intelligences qu'on paraît vouloir réunir ?

On le pourrait, mais il y a un obstacle ; c'est que dans les divisions intellectuelles ou sociales, ni l'un ni l'autre des partis ne veulent ni n'espèrent plus se réunir. On se hait : on aurait horreur de s'aimer.

C'est là le mal.

« Vaincre le mal dans le bien, » comme le dit saint Paul ; être « doux et pacifique pour posséder « la terre, » comme le dit l'Évangile, ce sont là des maximes que nul ne comprend plus ni ne veut plus comprendre.

Il serait bien temps, néanmoins, de faire quelques efforts pour ramener parmi nous quelque paix. La paix ne commencera pas dans l'ordre politique ; elle ne peut commencer, si elle commence, que dans l'ordre intellectuel. De là elle descendrait bientôt sur tout le reste. Or, à quoi tient la division dans l'ordre intellectuel ? Est-ce à la lutte de la raison et de la foi, de la religion et de la philosophie ? En aucune sorte. La division tient à l'antagonisme coupable des hommes qui représentent ces choses.

Soyons modestes. Nous n'avons pas plus de

raison ni de philosophie qu'Aristote et Platon,
saint Augustin et saint Thomas-d'Aquin, Descar-
tes, Pascal, Bossuet et Leibnitz réunis. Nous n'a-
vons pas, d'un autre côté, plus de zèle pour la
foi que n'en ont eu tous les Pères de l'Église et
tous les docteurs scolastiques, lesquels, comme le
remarque Thomassin [1], se sont dits pendant de
longs siècles platoniciens, et puis péripatéticiens
du XIIe au XVIIe siècle. Nous n'avons pas plus de
zèle pour la foi que Baronius qui appelait l'École
de Platon « le vestibule de l'Église chrétienne, »
ni que de Maistre, qui appelait le Platonisme « la
préface humaine de l'Évangile : » nous n'avons
pas plus de zèle pour la foi que saint Thomas-
d'Aquin qui ne cesse de citer Aristote qu'il nomme
le philosophe. Nous n'avons pas enfin plus de zèle
pour la foi que tous les docteurs chrétiens réunis
qui acceptent ces deux grands noms. Ils les acceptent par cette raison que ces deux noms représentent les deux directions nécessaires de l'esprit
et les deux procédés de la raison. Ils les acceptent
ensemble, parce qu'ils comprennent leur unité.

Écoutons un instant saint Augustin sur ce su-

---

[1] Préface des dogmes théologiques.

jet : « Quant à ce qui concerne la philosophie
« spéculative, même la morale, il ne manque pas
« d'esprits très-pénétrants et très-habiles qui nous
« montrent qu'Aristote et Platon sont d'accord,
« quoique les inhabiles et les inattentifs les croient
« très-éloignés ; de sorte qu'à mon avis, le travail
« et les luttes de la pensée, avec le secours des
« siècles, ont enfin produit une saine et véritable
« école philosophique [1] (*una verissimæ philoso-*
« *phiæ disciplina.*) »

Il y a donc, selon saint Augustin et selon la vérité, comme l'admettront tous ceux qui ont ap-
profondi ces choses, deux directions philosophiques générales, qui, d'un point de vue plus élevé,
n'en font qu'une et qui, prises ensemble, sont la
véritable philosophie. De plus, c'est un fait historique, visible par tous les monuments, qu'entre
cette grande philosophie et la théologie catholique
règne l'accord le plus profond.

[1] Contra academ. Liber III. Cap. xix. Quod autem ad erudi-
tionem doctrinamque attinet, et mores quibus consulitur animæ,
quia non defuerunt acutissimi et solertissimi viri, qui docerent
disputationibus suis Aristotelem ac Platonem ità sibi concinere,
ut imperitis minùs que attentis dissentire videantur ; multis quidem seculis, multisque contentionibus, sed tamen eliquata est,
ut opinor, una verissimæ philosophiæ disciplina.

Ce n'est donc pas parce que nous sommes philosophes, ni parce que nous sommes théologiens que nous nous divisons ; c'est parce que nous ne sommes ni l'un ni l'autre.

Fénélon dit excellemment : « Nous manquons « encore plus sur la terre de raison que de reli- « gion. » Cela est vrai, tout aussi vrai aujourd'hui qu'autrefois. Nous manquons surtout de raison, mais nous manquons vraiment des deux, de raison et de religion ; nous en manquons par trop, et c'est là ce qui nous divise.

On attaque, en effet, tantôt le Christianisme et tantôt la philosophie, faute de connaître l'un ou l'autre et de savoir leur union profonde. Mais les torts ne sont pas partagés de la manière qu'on le suppose ; il s'en faut de beaucoup.

Si, par exemple, parmi nous, prêtres ou simples croyants, nous nous laissons emporter quelquefois à maudire la raison, à dénigrer Platon ou Aristote, évidemment nous avons tort, et l'Église nous condamne. Les exemples sont sous nos yeux. Ce sont là les erreurs individuelles d'une imperceptible minorité de théologiens, erreurs qui ont même cessé parmi nous, parce que nous sommes un corps discipliné. Quant à la théologie catholique elle-même, répétons-le, elle accepte Platon et Aristote qu'elle élève et précise. Elle n'a jamais touché à aucune loi de la raison et elle a confirmé, dans l'esprit humain, la grande méthode platonicienne.

J'avoue bien que si l'on venait à nier les lois de la raison, à rejeter Platon et Aristote, alors il ne serait plus possible de s'entendre. Mais qui en vient là?

Il est vrai qu'un système, aujourd'hui puissant, va jusque là, et soutient que « *le temps est venu de « transformer la logique et de briser les formes du « passé.* » C'est textuel. J'en parlerai dans la seconde partie de cette lettre. Mais d'où vient ce système et qui le soutient? C'est ce que nous verrons.

Quoi qu'il en soit, il est certain que l'une des causes qui nous divisent c'est la profonde nullité des études philosophiques actuelles. Oui, l'absence de fortes études philosophiques est aujourd'hui l'un de nos plus grands maux. C'est, en effet, par cette brèche que les sophistes nous envahissent et nous peuvent envahir de plus en plus, de manière à reculer, peut-être pour des siècles, la pacification, qui serait proche, si nous voulions et si nous

savions. Ceci deviendra clair dans la seconde partie de cette lettre.

D'un autre côté, Monsieur, votre livre, dans sa
partie théologique, est un grand exemple de l'autre cause qui nous divise. C'est l'habitude où nous
sommes, presque tous, de juger et de condamner le Christianisme sans le connaître. Je vous l'ai
demandé et je vous le demande ici solennelle-
ment; je m'adresse à votre conscience, à votre
bonne foi, qui m'est connue : est-il permis de
continuer plus longtemps à traiter ainsi la recherche de la vérité, la question du salut du monde?
Je vous le demande à vous, à vos collègues dans
l'université, aux élèves de l'école normale, anciens
et présents. Je parle à ceux qui aiment et cherchent la vérité; je ne parle pas aux autres, s'il en
existe; je ne les connais pas. Je leur demande s'il
est juste, s'il est permis de continuer, en ce qui
touche le Christianisme, la seule religion possible
et l'unique espérance des âmes, à ne vivre que
d'ignorance, d'erreur et de préjugés. Vous vous
croyez, dirai-je à ces nobles jeunes hommes, qui
souffrent, dans leurs doutes, comme nous avons
tous souffert, comme a souffert, parmi eux, Jouffroi, vous vous croyez libres de préjugés et com-

pétents sur la question. Je le dis simplement — et je vous le montre, — ni vous ni vos maîtres n'êtes compétents. Vous êtes enveloppés, sur ce point, d'un tel tissu de préjugés que la lumière n'y peut plus pénétrer, et que le préjugé religieux dont parlait le xviiie siècle n'est rien, si on le compare au préjugé d'irréligion qui lui succède et qui vous domine. Oui, je crois voir de mes yeux la vérité du mot de Jouffroi, qui compare les philosophes et les lettrés, emportés par l'influence de leur siècle, « à la toupie qui tourne sous le fouet de l'en-« fant. »

Ce qu'on nomme le siècle, c'est le côté corrupteur et corrompu de chaque époque, c'est l'étroit point de vue du moment, c'est la perversité présente et la passion du jour. En ce sens, je vous l'ai dit souvent, sachez rompre avec votre siècle si vous voulez rentrer dans la justice et dans la vérité universelle, et dans ce que Platon nommait les mouvements universels de l'esprit de Dieu ; sachez rompre avec votre siècle si vous voulez le guérir, et travailler noblement, sainte-ment, à rétablir la paix dans les esprits. Défiez-vous de cette lumière partielle qui vous entoure, vous enveloppe et vous enferme. Dégagezvous des atteintes quotidiennes de l'erreur qui s'appliquent à vous chaque jour, à chaque heure, comme les coups de fouet redoublés que l'enfant applique au sabot. Défiez-vous du stérile mouvement de votre esprit sous ces coups répétés, qui ne permettent à la pensée ni repos ni progrès, l'obligeant à tourner sans relâche dans le même sens et dans le même cercle d'erreurs.

Un même système de préjugés, de négations et de défiances, constamment ramenés dans un cercle borné de livres, de journaux, de propos, de leçons; le tout favorisé par la commune et permanente gravitation des sens qui, lorsqu'ils ne sont pas relevés par une foi, portent en bas le cœur de l'homme et sa pensée, séparent notre âme de Dieu, et la laissent emporter à tout désir et à toute illusion, au milieu des ténèbres de cette ignorance qui s'ignore et qui se prend pour la lumière : c'est là le tourbillon du siècle. Sachez le rompre, et vous présenter libres, calmes et purs en face de Dieu, du Christianisme et de la sainte théologie de l'universelle religion. Présentez-vous à Dieu, décidés à le suivre, et la lumière vous parlera.

Ai-je besoin de le dire? En tout ceci j'admets

que vous croyez en Dieu. Vous comprenez que si un esprit rejette Dieu, la division est irréconciliable. Il est aussi impossible de s'entendre avec un tel esprit qu'avec les ténébreux sophistes qui nient les lois de la raison. Ces deux négations n'en font qu'une. C'est la négation radicale. C'est l'attaque directe et totale à la vie intellectuelle.

Pour pacifier l'ordre intellectuel, il faut d'abord en maintenir l'existence.

Je suppose donc la sophistique et l'athéisme exclus, excommuniés ensemble, par la raison. Je vous le dis alors, à vous tous qui aimez la lumière et qui cherchez la vérité, rien ne doit plus nous empêcher de nous entendre, si nous nous consacrons avec ardeur à la poursuite de la lumière et de la paix.

Ceci posé, reprenons notre discussion. Comprenons bien, de ce point de vue, qu'il ne s'agit nullement ici des personnes ; qu'il ne s'agit, comme je l'ai déjà dit, ni de vous, Monsieur, ni de moi. C'est une discussion générale à propos d'une critique particulière.

Saint Paul exhortant à l'union les chrétiens de Corinthe, leur disait : « Ces choses, mes frères, je

« vous les ai *transfigurées,* sous mon nom et celui
« d'Apollon [1]. » Transfigurons de même les questions personnelles et les noms propres, pour atteindre aux questions générales.

J'entends donc, permettez-le moi, vous prendre
pour exemple de ces esprits distingués, sincères,
ardents, qu'emporte le courant du siècle dans le
tourbillon de ses flots; et moi, prêtre, appuyé
sur ma foi, je voudrais, non par ma force, mais
parce que je tiens à un rocher, vous tendre la
main, ou même vous saisir violemment, s'il le
faut, pour vous remettre sur ce sol ferme où vous
pourriez marcher et vivre, au lieu de rouler dans
le torrent et d'y rester enseveli.

[1] Hæc autem, fratres, transfiguravi in me et Apollo, propter
vos.

X.

SAINT CLÉMENT.

Passons à saint Clément d'Alexandrie.

Quoique, dans votre analyse, vous placiez saint Clément après Tertullien, je pense que vous n'entendez pas y trouver un progrès du dogme relativement à Tertullien, puisque Tertullien n'est mort que vingt-huit ans après saint Clément. Toujours est-il que vous lui donnez de grands éloges auxquels je m'associe.

Mais vous commencez par le louer de sa grande idée de la foi.

« Qu'est-ce que la foi? Sur ce point la pensée « de saint Clément est bien remarquable. » Vous la remarquez parce qu'elle vous paraît philosophique, et elle est en effet profondément philosophique. Vous citez le texte de saint Clément et vous le traduisez ainsi : « La foi est l'intuition « des principes, la perception de ce qui est supé- « rieur à la démonstration. » Et puis vous déve-

loppez cette pensée par d'autres textes de saint
Justin. Mais vous ne faites pas attention que le
texte cité par vous comme définition de la foi,
dans saint Clément, texte dont le reste découle,
est littéralement de saint Paul. C'est le mot si
connu de saint Paul, trop librement traduit par
vous : « La foi est la substance des choses que
« nous espérons, et la preuve de celles que nous
« ne voyons pas encore [1]. » Il n'y a donc, sur
ce point, pas de progrès philosophique de saint
Paul à saint Clément. C'est la donnée même de
saint Paul, développée par saint Clément.

Vous auriez pù citer, à propos de saint Clément,
cette formule de la Trinité : « Au seul Dieu, Père
« et Fils, Fils et Père dans l'unité de l'Esprit ; un
« en tout; absolument bon, absolument beau,
« absolument sage, absolument juste; à qui soit la
« gloire maintenant et dans les siècles des siècles,
« ainsi soit-il. »

On parlait donc dans l'église chrétienne, vous
le voyez, avant la naissance du Néoplatonisme,
comme on parle aujourd'hui dans les livres de

---

[1] Les mots πίστις δε.... ἐλπιζομένων ὑπόστασις πραγμάτων, ἔλεγχος
οὐ βλεπομένων, qui paraissent cités comme étant de saint Clément,
sont le texte même de saint Paul, Épître aux Hébreux, chap. ii, v. 1.

Messe. Il faut bien remarquer combien ce texte de saint Clément exprime clairement l'égalité des trois personnes par ces mots appliqués également à chacune : « Un en tout, absolument bon, absolument beau, absolument sage, absolument juste. »

Quant à la théorie du Verbe, que vous trouvez, avec raison, si profonde dans saint Clément, elle ne diffère pas de celle de Tertullien. En effet, « le « Verbe, selon saint Clément, n'est pas simple- « ment la production extérieure de la pensée di- « vine, comme semblerait l'indiquer le mot, mais « bien la sagesse et la bonté même de Dieu dans « sa suprême manifestation; c'est en quelque sorte « la face même de Dieu, coéternelle et adéquate « à sa nature. » Nous venons de trouver tout ceci dans Tertullien, comme nous l'avions trouvé dans saint Paul. Il n'y a pas là un seul mot, un seul détail qui appartienne en propre à saint Clément.

La philosophie chrétienne d'Alexandrie n'a rien inventé de tout cela.

Vous ajoutez que, selon saint Clément, « le Père « et le Fils ne sont qu'un et se confondent en un « seul Dieu [1]. »

____

[1] T. I, p. 255.

Ainsi, Monsieur, d'après vous, saint Clément présente le Verbe comme coéternel à Dieu, adéquat à sa nature, le Père et le Fils ne faisant qu'un et n'*étant qu'un seul Dieu*.

Comment alors, quelques pages plus bas, en résumant la doctrine des pères alexandrins, dites-vous que « l'Orient domine encore dans l'œuvre « des pères alexandrins, » et que « tant que la « théologie chrétienne resta soumise aux influen- « ces de l'Orient, elle maintint le Verbe et l'Esprit « saint en dehors de la nature divine. » Vous venez de reconnaître que, pour saint Clément, le Père et le Fils sont un seul Dieu. Bien plus, vous avez reconnu que saint Jean avait déjà dit que le Verbe était Dieu (il fallait bien le reconnaître puisque le début de l'Évangile de saint Jean porte ces mots : Et le Verbe était Dieu), et, après cela, vous posez cette conclusion : « La théologie chré- « tienne, tant qu'elle resta soumise aux influences « de l'Orient, maintint le Verbe et l'Esprit saint en « dehors de la nature divine. »

Permettez-moi de le dire, Monsieur, tout ceci est surprenant, invraisemblable. On n'y peut croire qu'en relisant dix fois les textes comme je l'ai fait.

5.

XI.

ORIGENE.

Celui des Pères de l'Église dont on a le plus abusé, c'est Origène. Aucun savant ne conteste que les nombreux écrits d'Origène n'aient été falsifiés, interpolés, même de son vivant. De bons esprits ont diversement interprété Origène sur plusieurs points. Mais si l'on veut être sûr de la pensée d'Origène, il faut s'en tenir à ses livres contre Celse, qui forment son principal ouvrage, le plus travaillé, le plus pur sans comparaison, le plus incontesté dans ses détails.

Pour vous, Monsieur, vous analysez la pensée d'Origène de deux manières.

Voici l'une [1] :

« Dans la pensée d'Origène, il n'y a de vrai
« Dieu que le Père; le Fils est divin bien plutôt
« qu'il n'est Dieu. La divinité qui est en lui n'est

[1] T. I, p. 268.

« que l'image de la vraie divinité. De même qu'il
« n'est pas Dieu, il n'est pas le bien, il est seule-
« ment bon…. Le Verbe n'est pas la cause, mais
« l'instrument de la création. La Cause est un plus
« grand et plus puissant que le Verbe. Voilà donc
« le Fils inférieur au Père en essence et en puissance.
« Il l'est aussi en intelligence ; car si le Père est
« plus grand que le Fils, lui seul peut se penser
« complètement. Le Fils ne peut saisir qu'une
« image imparfaite de la majesté du Père…. Ainsi
« le Fils est inférieur au Père de tout point. »

Voici l'autre manière dont vous rendez la pensée d'Origène [1] :

« Dieu engendre le Fils mais ne le crée pas. In-
« divisible en soi et inséparable du Fils, il l'en-
« gendre sans le projeter hors de son sein; » (vous
citez le texte grec qui est énergique.) « Origène
« exprime avec une grande force l'intimité de
« l'union du Fils avec le Père. Le Fils est coéternel
« au Père et ne fait qu'un avec lui. Bien plus, si
« le Fils n'existe que par le Père, le Père n'a puis-
« sance que par le Fils. Le Verbe est nécessaire à
« l'expansion et à la production des puissances du

____
[1] T. I, p. 270.

« Père, comme le Père l'est à l'existence et à l'es-
« sence du Fils. Origène a recours à une compa-
« raison pour expliquer cette relation intime du
« Père et du Fils, qu'il est si difficile de définir,
« sans tomber dans la séparation ou la confusion
« des personnes. »

« De même que la lumière (c'est le texte d'Ori-
« gène) n'a jamais été sans éclat, de même le Fils
« ne peut être conçu sans le Père, dont il est la
« sagesse, le Verbe, et dont il figure expressément
« la substance. Comment donc peut-on dire qu'il
« fut un temps où le Fils n'était point? C'est ne
« rien dire, sinon qu'il fut un temps où il n'y avait
« ni vérité, ni sagesse, ni vie, toutes choses qui
« constituent la substance du Père, par cela même
« qu'elles n'en peuvent être ni séparées, ni déta-
« chées. Les essences, bien qu'elles soient conçues
« comme multiples par l'intelligence, forment
« réellement et substantiellement une seule et
« même chose et renferment la plénitude de la
« divinité. »

Telle est la seconde manière dont vous analysez
la pensée d'Origène.

Laquelle des deux est bonne, selon vous?

Il faut choisir ; car si, comme l'exprime le texte

même d'Origène que vous citez, si le Verbe est nécessaire au Père à ce point que sans lui, il n'y aurait en Dieu *ni vérité, ni sagesse, ni vie :* toutes choses qui constituent la substance de Dieu ; si le Verbe constitue la substance de Dieu ; si ces essences (qui sont le Verbe, d'après vous comme d'après Origène), si ces essences *forment réellement et substantiellement une seule et même chose* (qui est le Verbe); si ces essences (qui sont le Verbe), *renferment la plénitude de la divinité*, comment, je vous prie, lui qui renferme par essence la plénitude de la divinité, ne serait-il pas Dieu? C'est ce que je vous demande.

Après avoir traduit l'admirable morceau qui précède et ajouté à la même page cet autre texte : « Le Verbe, qui était en principe, par « essence, en Dieu, éternellement Dieu lui- « même [1] », après ce texte que vous citez vous-même (sans toutefois traduire ἦν τῷ εἶναι, *était par essence*), vous avez pu écrire à la page 269, à quarante lignes de distance, ce qui suit : « Com- « ment (selon Origène) le Fils serait-il substan- « tiellement égal au Père ? et n'y a-t-il pas un

---

[1] λόγος ὅς ἐν ἀρχῇ ἦν τῷ εἶναι πρὸς τὸν θεὸν ἀεὶ μένων θεὸς.

« abîme entre ces deux natures, dont l'une est
« Dieu et l'autre divine seulement? »

Quoi! entre Dieu et Celui qui est en principe,
par essence, éternellement en Dieu, Dieu même,
il y a un abîme! vous voyez là deux natures différentes!

Où est le sens des mots, et comment devait
s'y prendre Origène, pour vous dire que le Verbe
est Dieu, si, d'après vous, celui-là n'est pas
Dieu, vrai Dieu, *qui est en principe, par essence,
éternellement en Dieu, Dieu même,* et sans lequel il n'y aurait en Dieu, *ni vérité, ni sagesse, ni
vie,* toutes choses qui constituent la substance de
Dieu?

Dans ces mêmes pages [1] vous oubliez tout ceci,
jusqu'à écrire ces incroyables paroles, comme
exprimant la pensée d'Origène : « Le Père seul est
« le bien : *Tout le reste des créatures, même le
« Fils,* ne fait qu'en participer. »

Ainsi, vous mettez Dieu d'un côté, puis de l'autre le *Fils* avec le *reste* des *créatures.* Et vous dites
que c'est là l'opinion d'Origène. Vous le dites ici
tout en convenant ailleurs que ce n'est pas là sa

---

[1] T. I, p. 264.

pensée, et qu'on ne peut soutenir sérieusement qu'Origène a fait du Fils une simple créature de Dieu.

Alors, Monsieur, que voulez-vous dire, et quel sens donnez-vous aux mots?

Vous comprenez qu'après les textes que vous citez vous-même, il est inutile de copier ici six pages de textes d'Origène que j'ai sous les yeux et qui expriment la plénitude de la divinité du Fils.

Je remarquerai seulement que quand vous citez Origène exaltant la divinité du Fils, vous apportez des textes explicites, clairs comme le soleil, et quand vous niez ensuite, malgré cela, que le Verbe soit le vrai Dieu, selon Origène, vous le dites gratuitement. Quand vous concluez : « Dans la pensée « d'Origène, il n'y a de vrai Dieu que le Père; le « Fils est divin plutôt qu'il n'est Dieu, par cela « même qu'*il ne fait que participer de la nature* « *divine* », vous ne vous appuyez sur aucun texte. Sur cette phrase vous ne citez pas.

J'ai donc cherché à suppléer votre omission et à voir où Origène avait pu enseigner que le Fils n'était que participant de la nature divine. Je l'ai trouvé, mais voici où : c'est dans le troisième livre contre Celse. Origène parle ainsi : « Qu'ils l'ap-

« prennent les blasphémateurs ! Jésus, que nous
« tenons pour Dieu et Fils de Dieu dès le principe,
« est le Verbe lui-même, la vérité en soi, la sagesse
« en soi. Quant à *son corps mortel* et à *son âme*
« *humaine, ce corps, cette âme*, par la communica-
« tion de ce Verbe, par l'union et la pénétration
« mutuelle en ce Verbe, ont reçu les dons suprê-
« mes de Dieu , *sont devenus* PARTICIPANT *de la*
« *divinité,* et ont passé en Dieu [1]. »

Que dites-vous, Monsieur, de cette théologie
totale du Christ ? Sur quel point pensez-vous que
Bossuet eût pu la déployer plus explicite et plus
exacte ?

Vous devez maintenant comprendre la pensée
d'Origène, et en quoi, d'après lui, Jésus-Christ
participe de la nature divine, comme vous le dites.
C'est son corps mortel et son âme humaine qui
participent de la nature divine, de la nature du
Verbe même, qui est Dieu même, Vérité même et
Sagesse même. Donc, Monsieur, pour écrire que
le Verbe, selon Origène, participe de la nature

---

[1] Contrà Cels., lib. III, p. 135. Ἀρχῆθεν εἶναι θεὸν καὶ υἱὸν θεοῦ· οὗτος ὁ αὐτολόγος ἐστι καὶ ἡ αὐτοσοφία καὶ ἡ αὐτοαλήθεια, etc. Le français ne peut rendre cette énergie.

divine, vous avez confondu avec le Verbe Dieu, le
corps mortel et l'âme humaine du Christ, c'est-
à-dire que vous avez fait une faute de théologie
que ne commettrait ni un séminariste de première année, ni un enfant des catéchismes de per-
sévérance.

XII.

Voilà, Monsieur, sur quelle connaissance et
quelle intelligence des textes vous vous appuyez
pour établir, dans la conclusion de votre partie
théologique que les Pères alexandrins [1] n'atteignent point encore la vraie formule de la Trinité,
et qu'Origène va jusqu'à prétendre [2] que le Père
seul est le vrai Dieu, que dès lors « la doctrine
« d'Origène en subordonnant à ce point le Verbe
« et le Saint-Esprit au Père, tendait à concentrer
« toute la nature divine dans la première hypo-
« stase [3]; qu'en général le Christianisme primitif
« accepte la théologie juive sans y rien changer,

[1] T. I, p. 290. — [2] T. I, p. 291. — [3] T. I, p. 291.

« c'est-à-dire que le Dieu de la religion nouvelle
« était encore le Dieu abstrait et mystérieux de
« l'Orient [1] ; le Fils et l'Esprit n'étant Dieu ni
« l'un ni l'autre (selon le christianisme primitif),
« Dieu n'est point présent lui-même à son œuvre
« et s'y fait seulement représenter par des organes;
« c'est par des intermédiaires qu'il crée et vivifie
« le monde; pour lui, il reste enfermé dans la soli-
« tude et le mystère de son existence ineffable. La
« théologie chrétienne était encore loin de la Tri-
« nité proprement dite, tant qu'elle reste soumise
« aux influences de l'Orient (selon vous elle y
« reste soumise jusqu'à Origène inclusivement),
« elle maintient le Verbe et l'Esprit saint en de-
« hors de la nature divine et ne peut comprendre
« la consubstantialité du Père, du Fils et de l'Es-
« prit [2]. »

Cela posé, vous nous montrerez comment c'est
l'influence d'Alexandrie qui a développé, fixé par
les formules de la philosophie grecque [3], la Trinité chrétienne et le dogme de la divinité de Jésus-
Christ.

Mais pour arriver à cette conséquence, Mon-

[1] T. I, p. 297. — [2] T. I, p. 298. — [3] T. I, p. 296.

sieur, voici ce qu'il vous a fallu faire : il vous a fallu affirmer que saint Paul n'avait pas dit que le Christ fût Dieu, tandis que saint Paul a dit le *Christ est Dieu* et l'a dit quinze fois. Il vous a fallu oublier que, même selon vous, c'est saint Jean qui a proclamé le premier que le Christ est Dieu.

Il vous a fallu imputer à saint Pierre l'hérésie des Judaïsants, erreur qu'il a lui-même renversée pour toujours au concile de Jérusalem, par des paroles que chacun sait par cœur.

Il vous a fallu prétendre que l'Église de Jérusalem réservait le royaume de Dieu aux seuls Juifs, et pour cela il vous a fallu ne pas tenir compte de trois pages où les Actes des Apôtres vous parlent de ces deux conciles, l'un qui ouvre l'Église aux gentils, l'autre qui repousse la pensée de les soumettre à la loi de Moïse.

Pour voir un immense progrès théologique de saint Pierre à saint Paul, de saint Paul à saint Jean, il vous a fallu en quelque sorte supprimer le Nouveau-Testament, et accumuler sur ce point autant d'erreurs de fait que d'assertions.

Quant aux Pères de l'Église pour nous les montrer tels que vous les avez faits, il vous a fallu composer un véritable tissu d'erreurs : contre-sens formels, contradictions perpétuelles, objections prises pour des réponses, ignorance surprenante des textes les plus nombreux, les plus connus et les plus décisifs, analyses reproduisant tout juste le contraire des textes, le tout sous l'influence d'un aveuglement si complet que vous ne voyez pas même les textes, lorsque vous les citez et transcrivez vous-même.

Il vous a fallu, en un mot, accomplir un travail auquel je ne sais rien de comparable, j'entends parmi les livres dont l'auteur a voulu s'occuper de science. Il est évident, Monsieur, que cette partie de votre ouvrage n'appartient pas plus à la science qu'un rêve ou un roman.

Et, en effet, soutenir que le Christianisme tel qu'il est apparu à Nicée, a été formé sous l'influence du Néoplatonisme, c'est substituer le rêve à la réalité. Il est visible, par tous les faits, tous les textes, toutes les raisons, que le Néoplatonisme postérieur de deux siècles au Christianisme, n'a pas d'autre raison d'être que le Christianisme lui-même. Le Néoplatonisme est le mirage du Christianisme. Vous savez ce qu'est le mirage? Une image vaine et renversée des objets réels et vivants.

On voit venir d'en bas des rayons de lumière qui viennent d'en haut. Les plaines de l'Égypte offrent parfois ce phénomène dans l'ordre physique. Des rayons lumineux partant du sommet des palmiers, paraissent venir de cent pieds sous le sable, et le ciel au-dessus des palmiers, on le voit au fond des abîmes. Alexandrie, lorsque le Christianisme s'est levé sur le monde, a offert le même phénomène dans l'ordre philosophique. La lumière que le Christianisme envoyait d'en haut, on la voyait monter d'en bas.

Quant aux discussions de textes sur ce sujet, lisez Bullus, dans sa défense de la foi de Nicée [1]. Il n'y a rien à répliquer à ce livre qui, d'ailleurs, fait autorité, et qui retrouve et cite amplement et surabondamment, dans les Pères des trois premiers siècles, toute la foi de Nicée. Bullus montre parfaitement le dogme de la Trinité explicite en tous sens dans l'Église, dès l'origine.

Comment d'ailleurs, dit quelque part Bullus, les chrétiens du second siècle n'auraient-ils pas connu le dogme de la Trinité, puisque les païens le connaissaient déjà dans sa formule la plus dure,

---

[1] Defensio fidei Nicœnæ. — Oxonii, 1685.

l'unité dans la Trinité, la Trinité dans l'unité, et que l'on s'en moquait déjà comme les esprits forts d'aujourd'hui s'en moquent encore? Comment saint Justin aurait-il ignoré le dogme de la Trinité puisque Lucien, son contemporain, le connaissait? Dans un dialogue intitulé Philopatris, le chrétien dit au païen : « Le Dieu qui règne au « ciel, le Fils du Père, et l'Esprit qui procède du « Père, un en trois, trois en un, voilà Dieu. » Le païen répond : « Un est trois, trois sont un [1] : je « ne comprends pas. » C'est précisément comme cela que parlait M. de Boufflers lorsqu'il disait :

---

[1] Est-il nécessaire de dire que la formule *un fait trois, trois font un*, est, en tout cas, une absurdité avec laquelle le dogme de la Trinité n'a rien à démêler. Le catholique énonce de Dieu l'unité sous le rapport de la nature, la Trinité sous le rapport des personnes. Énoncer de Dieu l'unité et la Trinité, sous le même rapport, constituerait d'abord une double hérésie, puis une contradiction dans les termes, c'est-à-dire une absurdité. Saint Thomas d'Aquin sur ce point s'exprime ainsi : « Quand nous disons « *la Trinité dans l'Unité,* nous ne posons pas le nombre dans « l'unité de l'essence, comme si elle était trois fois une; mais « nous posons les trois personnes dans l'unité de la nature divine, « *comme les individus* (supposita) *d'une nature quelconque sont* « *comptés dans l'unité de cette nature.* » Nous disons de même : « *L'unité dans la Trinité* comme toute nature est une dans la « pluralité de ses individus. » I[a], q. XXXI, art. 4 : « Il n'y a « qu'une seule nature humaine, dit ailleurs Thomas d'Aquin, « mais il y a plusieurs personnes humaines. »

« Un fait trois, trois font un, voilà l'arithmétique
« chrétienne. » De sorte que les croyants et les
incroyants de ce temps connaissaient ou travestis-
saient le dogme de la Trinité, comme le connaissent et le travestissent les croyants ou les incroyants
modernes, sous la réserve, bien entendu, de la
rigueur de la formule fixée par les conciles.

Si on lisait le volume de Bullus, sur cette question, on serait de l'avis de Mr J. Simon, dans son
Histoire de l'école d'Alexandrie, lorsqu'il dit :
« Les uns se sont efforcés de transformer la foi chré·
« tienne en une sorte de plagiat de la doctrine
« alexandrine, thèse désespérée qu'on ne peut
« soutenir de bonne foi, pour peu qu'on ait
« l'esprit juste et une légère teinture de l'his-
« toire [1]..... »

Telle est bien, Monsieur, la thèse désespérée
que vous soutenez, puisque, selon vous, le Christianisme primitif, tant qu'il reste soumis à l'influence de l'Orient, « maintient le Verbe et l'Es-
« prit-Saint en dehors de la nature divine. » Or,
comme vous l'avancez formellement page 3o2,
le Christianisme reste soumis à cette influence

[1] Tome II, p. 608.

jusqu'à Origène inclusivement, lequel, assurez-vous, va jusqu'à dire « que le Père seul est le « vrai Dieu. » Dès lors, le dogme fondamental du Christianisme, la divinité de Jésus-Christ, n'aurait été introduit dans l'Église que sous l'influence du Néoplatonisme.

Voilà votre thèse. Nous avons vu par quel tissu d'erreurs surprenantes, invraisemblables, vous l'avez soutenue.

XIII.

Il y a, du reste, une telle ténacité dans ce parti pris philosophique qui brise les faits, les textes, l'histoire, pour établir l'*idée*, que rien ne peut faire fléchir cette idée, quand une fois elle a été posée *à priori*.

En voici un exemple insigne.

A la page 40 de votre troisième volume, vous dites : « La phrase suivante témoigne de la pro-« fonde sagacité historique de cet excellent esprit. « Ce qui subsiste de bon de ces deux hérésies (le « judaïsme et l'hellénisme) c'est, de la doctrine « juive, l'unité de la nature divine, et de la doc-

trine grecque, seulement la distinction des hy-
« postases (personnes); à l'exemple des grands
« théologiens alexandrins, saint Jean Damascène
« *aime à reconnaître partout la vérité, quelle qu'en*
« *soit l'origine.* »

Que veut dire ceci? sinon que saint Jean Damascène, avec sa profonde sagacité historique,
entre dans votre pensée, c'est-à-dire reconnaît dans
l'hellénisme, c'est-à-dire la philosophie grecque,
l'origine de la distinction des personnes.

Mais comment pouvez-vous encore maintenir
cela après ce qui s'est passé?

Quand vous m'avez envoyé votre troisième volume, quelle n'a pas été ma surprise de trouver
dans la préface, ce qui suit : « Toutefois, je pour-
« rais citer plus d'un Père de l'Église à l'appui de
« mes conclusions. Il me suffira de renvoyer mes
« adversaires à l'autorité de saint Jean Damascène,
« dont le témoignage dépasse tout ce que j'ai dit
« sur les progrès de la théologie chrétienne. A la
« tradition judaïque nous devons l'unité de la
« nature divine ; nous ne devons à l'hellénisme
« que la distinction des hypostases. »

Il ne faut qu'un instant de réflexion, quand on
n'ignore pas entièrement ce qu'est la théologie ca-

6.

tholique, pour être parfaitement certain d'avance qu'un Père de l'Église n'a pu dire et n'a pas dit que le Christianisme a emprunté à l'école d'Alexandrie le dogme de la Trinité.

J'ai donc ouvert saint Jean Damascène au chapitre indiqué et j'ai trouvé ce qui suit :

« Ainsi, par notre dogme de l'unité de la na-
« ture divine, le *polythéisme* des Grecs est démon-
« tré faux, et par l'admission du Verbe et de l'Es-
« prit, le dogme judaïque est renversé. Il ne reste
« de ces deux hérésies que le côté vrai de la tradi-
« tion judaïque, l'unité de nature ; de l'hellé-
« nisme, la distinction des hypostases. Que si le
« Juif ne se rend pas, s'il refuse d'admettre le Verbe
« et l'Esprit-Saint, fermez-lui la bouche par le té-
« moignage de la Sainte-Écriture. David n'a-t-il
« pas dit, etc. »

D'où il résulte, on le voit, que, dans ce chapitre, saint Jean Damascène ne fait pas même mention de l'école d'Alexandrie, ni de la philosophie grecque ; qu'il entend par l'hellénisme, dans ce chapitre comme ailleurs (ce que j'ai vérifié), le *polythéisme* de la gentilité, l'antique religion des Grecs ; que, selon lui, ce polythéisme est une hérésie et une corruption du dogme universel primi-

tif, explicite dans l'Ancien-Testament, le dogme
de la Trinité.

Quand vous avez eu connaissance de cette erreur, vous vous êtes empressé, il est vrai, de faire
reprendre tous les exemplaires en circulation et de
supprimer, par un carton, cette partie de la préface.

Mais alors, pourquoi maintenir, à propos de la
distinction des personnes dont on trouve la trace
dans le polythéisme, que saint Jean Damascène
aime à reconnaître partout la vérité, *quelle qu'en
soit l'origine*. C'est maintenir le contre-sens.

Je vous demanderai aussi sur quoi vous vous
étiez appuyé pour affirmer que plusieurs Pères
de l'Église partageaient cette opinion ? Quels sont
les noms de ces Pères ? Où sont leurs textes ? Pourquoi ces textes n'ont-ils pas remplacé le texte de
saint Jean Damascène, qu'il a fallu retirer ?

Je n'aurais pas cité ce fait, si vous n'aviez maintenu le contre-sens. Selon saint Jean Damascène,
l'origine de cette vérité (la distinction des personnes) est dans l'Ancien-Testament ; la corruption
de cette vérité s'aperçoit dans le polythéisme grec.
Or, vous dites toujours que saint Jean Damascène
« aime à reconnaître partout la vérité, quelle
« qu'en soit l'origine. » Ce qui signifie qu'il re-

connaît dans l'hellénisme l'origine de cette vérité.

Or, voici la leçon que je veux tirer de ce fait.

Il m'a été dit très-souvent : « Vous, prêtre ca-
« tholique, vous êtes sincère, mais vous n'êtes
« pas libre; vous êtes sous le joug de la foi. » Or,
ayant ici sous les yeux le fait d'un contre-sens pal-
pable, maintenu par un homme d'une parfaite
bonne foi, malgré le texte et malgré l'avertissement, maintenu, dis-je, quoiqu'on ait voulu l'ef-
facer et qu'on croie l'avoir effacé; en présence de
ce fait, j'ai certainement le droit de dire : « Vous,
« partisan d'une philosophie dissidente, vous êtes
« sincère, mais vous n'êtes pas libre; vous êtes
« sous le joug de l'erreur. » Et, certes, la plaie
du joug est visible et saignante.

J'entre dans ces détails afin d'analyser, d'une
manière précise, l'état intérieur des esprits qui
combattent parmi nous le Christianisme.

XIV.

Vous avez su, Monsieur, que Mgr. Affre avait eu
l'intention de réfuter et de condamner vos deux
premiers volumes. J'ai contribué pour ma part à

l'en dissuader par cette raison, goûtée du saint prélat ; qu'une réfutation faite par un archevêque de Paris donnerait à votre livre une mauvaise popularité d'opposition. On eût voulu soutenir le faible contre le fort. Il n'en est pas de même de l'attaque dont je suis l'auteur. C'est un combat à armes égales, où personne ne peut trouver à réprendre. D'ailleurs, vos deux premiers volumes sont loin de renfermer, du moins explicitement, ce que renferme le troisième. Ce troisième volume propose une doctrine qu'il est absolument et immédiatement nécessaire de faire connaître au public, en la nommant par son nom, ce que je ferai.

Quoi qu'il en soit, à l'époque où Mgr. Affre s'occupait de votre livre, il donna ordre à des théologiens de Saint-Sulpice d'en faire l'examen. Il y a peu de jours, j'ai eu l'occasion de m'en entretenir avec l'un de ces messieurs, qui me disait : « Ce que « j'ai examiné de ce livre n'est qu'un tissu de « méprises incroyables. Nos jeunes gens en « riaient.... Il faut que la commission de l'In- « stitut, qui a fait couronner cet ouvrage, l'ait « lu sans attention et n'ait rien vérifié [1]. »

---

[1] N'exagérons pas la portée de ce fait, et ne supposons pas que

Ainsi s'exprimait un homme dont la modestie et la modération égalent la science profonde.

Je vous dis, comme vous voyez, Monsieur, la dure vérité toute entière. Que ne puis-je, par cette secousse et cet avertissement public, réveiller un esprit distingué, mais plongé dans les plus profondes et les plus dangereuses illusions.

Je voudrais aussi, par cet exemple insigne, attirer enfin la sérieuse attention de tous les hommes de bonne foi, chrétiens ou non, sur la manière dont, en ce siècle encore, nous tous, ou presque tous, nous étudions, discutons et jugeons le Christianisme.

Je dis qu'on n'a jamais été assez frappé du prodige que voici.

Il n'y pas d'homme parmi nous, instruit ou non, homme fait ou jeune homme, enfant ou vieillard, qui ne se croie, lui seul, juge compétent du Christianisme.

Ce qui est si vrai que l'énoncé même que je fais

l'Institut, en couronnant le mémoire qui lui a été présenté, ait entendu consacrer les conclusions actuelles de l'ouvrage. On sait qu'un mémoire couronné par l'Institut devient souvent un grand ouvrage, s'amplifie, se modifie, s'altère, et continue pourtant à maintenir son identité comme ouvrage couronné.

ici du prodige ne surprend personne, et qu'au premier abord on n'y voit rien de prodigieux.

Mais regardons-y de près.

Est-il vrai, oui ou non, que quiconque est ou se croit lettré, parmi nous, juge et croit bien juger le Christianisme? Est-il vrai, oui ou non, que d'ordinaire ce jugement se porte, dans les colléges, de treize à quinze ans, et que l'on vit, sur ce même jugement, sans y rien changer pour le fond, souvent pendant toute sa jeunesse et son âge mûr, et quelquefois jusqu'à la mort? Ces faits, aussi risibles que lamentables, sont-ils ou ne sont-ils pas l'histoire de presque toute la génération lettrée parmi nous?

Qui n'a connu cet écolier, dans son collége, qui, l'âge venu, déclare qu'il n'est plus ni catholique, ni chrétien, et qu'il ne croit plus même en Dieu. Quiconque s'est occupé des enfants et a reçu leurs intimes et secrètes confidences connaît ces choses. Cet enfant donc déclare cela; pour lui, maîtres, parents, Église et tradition, grands hommes, grands auteurs et grands siècles, Bossuet et Fénélon, Pascal et tous les autres, toutes ces autorités sont nulles et non avenues; tout cela n'est pour lui que mensonge, sottise, hypocrisie, superstition, ténèbres ; lui seul sait à quoi s'en tenir, et il s'y tient.

Cet enfant est manifestement ridicule, en même temps qu'il est bien à plaindre. Mais ne sommes-nous pas nous-mêmes cet enfant ?

Nous avons tous été, plus ou moins, ce pauvre enfant, moi comme les autres. Là n'est pas le prodige.

Le prodige est ici : c'est que ce même jugement porté dans notre aveugle et maladive enfance, sous l'influence de l'éducation détestable que nous recevons tous de l'orgueilleux esprit du siècle, ce même jugement continue à constituer le fond, le vrai motif de notre jugement actuel sur le catholicisme et le Christianisme. Nous croyons avoir fait, depuis ce temps, des études, des travaux complets qui nous permettent de juger sciemment. Mais véritablement le croyons-nous, et pouvons-nous le croire ?

Permettez-moi, Monsieur, de vous prendre ici pour exemple ; ces études, qui les a faites mieux que vous ? qui les a faites avec moins de passion, disons mieux, avec plus de respect, de sympathie, d'admiration pour la beauté visible du Christianisme. Or, en quoi ces études, les vôtres, étaient-

elles proportionnées à leur objet? Nous venons
de montrer que vous n'êtes pas même parvenu à
prendre connaissance de la question. Tout ce que
vous avez écrit sur ce sujet est nul, et n'a aucun
rapport à un débat sérieux. Les raisonnements
naïfs d'un incrédule de quatrième, ne sont ni plus
ni moins solides que votre discussion de la théologie chrétienne; des deux côtés c'est pure erreur et
simple préjugé. Et j'avoue que quand, après cela,
je vous entends prononcer, par exemple, des jugements tels que celui-ci : « la théologie ortho-
« doxe a constamment soutenu.... cette défini-
« tion de Dieu : CELUI QUI EST..... *sans même bien*
« *comprendre* toute la portée d'une définition
« qui conduit irrésistiblement à l'unité de sub-
« stance [1]; » quand je vous entends juger ainsi
tous les docteurs catholiques ensemble, tous
les Pères, tous les scolastiques, et le XVIIe siècle,
comme *n'ayant pas compris* que leur définition de Dieu va droit au Panthéisme, j'avoue, dis-
je, que dans l'excès de mon étonnement, je ne
puis que me rappeler ce jugement que nous portions au collége, sur les Pères de l'Église : « Tous

---

[1] T. III, p. 477.

« les Pères de l'Église sont des imbécilles ! »

Il n'y a en effet pas plus de proportion entre les travaux d'un homme instruit, comme on l'est de nos jours, et la doctrine catholique, qu'il n'y en a entre la doctrine catholique et l'enfant dont je viens de parler.

Voici la théologie catholique, c'est-à-dire le point que l'esprit humain a le plus travaillé — je ne parle ici que de l'esprit humain : *humanum dico* — voici le courant principal de la vie intellectuelle du monde : c'est une doctrine manifestement magnifique, aussi prodigieuse d'unité que d'étendue ; qui a fondu et résumé en elle le judaïsme et la philosophie ancienne entière, orientale et grecque ; ceci se voit et n'est pas contesté. Platon et Aristote, agrandis, purifiés y vivent, et y vivent glorieux. Saint Augustin, c'est Platon purifié ; saint Thomas-d'Aquin, c'est Aristote réconcilié avec Platon et fortifié par quinze siècles d'études. Et, toute cette sagesse rassemblée, pénétrant le génie du monde moderne, vient se transfigurer dans la plus éclatante lumière qu'ait vue le monde, la lumière du xviie siècle. Et cette philosophie œcuménique est la seule que le genre humain ait travaillé d'ensemble et en commun, la seule que toutes les forces de l'esprit humain aient conspiré à développer depuis le commencement du monde.

Voici donc cet unique monument commun qu'ait élevé l'intelligence humaine, monument qui par son unité, démontre que Dieu s'y trouve, parce que les hommes et leurs pensées ne sont en un que quand Dieu est au milieu d'eux : Voici, dis-je, ce monument incomparable, ce temple de l'esprit où les plus illustres génies, où des légions de travailleurs contemplatifs, inconnus, mais d'autant plus grands, où des générations de saints et de saintes, où des milliers d'âmes virginales, où tous les héroïsmes, où toutes les sources d'inspiration des meilleures âmes et des plus lumineux esprits, ont apporté et ont mis en commun leurs forces et leurs richesses ; voici, dis-je, cette doctrine unique, la seule qui porte depuis vingt siècles le nom d'universelle : La voici !

Or, en face d'elle, vient se placer un homme, — homme ou enfant, n'importe, — lettré ou illétré, — et il la juge !

Et ce particulier juge cet universel !

Et si cet homme est très-sérieux, très-laborieux,

il se dit : Je travaillerai cela trois mois, — mettez trois ans — et j'en verrai le fond.

Voilà le prodige.

Mais nous n'en sommes pas assez étonnés.

Nous n'en sommes pas assez épouvantés.

Nous ne comprenons pas.

Nous ne voyons pas les âmes se séparer de la sagesse universelle, et de cette sève commune de la tradition vraie, soutenue de l'esprit de Dieu. Nous ne les voyons pas tomber à part comme les feuilles mortes qui tombent des arbres. Nous n'entendons pas ces feuilles mortes dire en tombant : je me détache, car l'arbre est mort. Nous ne voyons pas la feuille, au pied de l'arbre, juger l'arbre et la sève, et cesser de croire à la sève, oubliant le printemps passé comme le printemps futur. Nous ne voyons pas ces âmes, qui sont créées pour vivre ensemble comme les grains d'un épi ou d'une grappe, vivre isolées comme des feuilles sèches ou des grains de sable. Où sont les âmes qui vivent de la vie de l'ensemble ? Où est la nécessaire communion des esprits ? Qui est-ce qui croit au sang divin de cette sainte communion ? Qui sait se servir des forces communes et des lumières communes et de l'universelle sagesse, à la fois divine et humaine?

On a dit aux esprits : Jugez tout par vous-même, et ne connaissez plus que l'évidence. Ces deux conseils qui, pris dans leurs justes limites, ont leur sens vrai, ruinent depuis trois cents ans, parmi nous, la société des âmes. Chacun se sépare pour juger.

Il y a dans chaque âme, dans chaque intelligence, le tribunal de l'égoïsme, le mal mortel de l'isolement. C'est une sorte de contraction de l'individu sur lui-même, qui repousse une partie, toujours plus grande, de la vie qui survient, et qui, à force de repousser tout ce qui n'est pas lui, se sépare de la sève commune et tombe à part. C'est une incrédule et âpre poursuite de l'évidence, qui n'est que la fuite de la lumière. « C'est, comme « on l'a dit si spirituellement, l'odyssée de l'esprit « qui, merveilleusement déçu, se fuit en se cher- « chant lui-même [1]. » En excluant ce qui n'est pas l'évidence pure de la réflexion actuelle, l'esprit repousse les sources de l'évidence à venir : en ne voulant que ce qui est clair maintenant, il rejette tout ce qui sera clair un jour ; il rejette l'huile

---

[1] Schelling.

pour ne conserver que la flamme, et la flamme
baisse, fume et s'éteint.

Quand Sénèque dit : « La raison n'est pas claire
« en entier : sa partie la plus grande, la meilleure,
« est obscure [1], » c'est qu'il distingue, dans le
flambeau de l'esprit, l'huile et la flamme. Et
quand l'Évangile parle des vierges folles dont les
lampes n'ont plus d'huile et menacent de s'étein-
dre, c'est parler en même temps des intelligences
folles qui rejettent ou négligent tout ce qui n'est
pas lumineux pour elles maintenant.

Mais qu'est-ce qui n'est pas maintenant lumineux pour mon esprit ? C'est la science d'autrui
que je n'ai pas encore ; c'est la science totale du
genre humain que je n'aurai probablement jamais ;
c'est la science de Dieu que je ne puis jamais avoir
entière ; c'est, en un mot, tout ce qui est plus grand
que moi et tout ce qui n'est pas encore moi. Mon
aveugle poursuite de l'évidence me sépare donc
de la lumière universelle et je m'éteins en reje-
tant la foi, qui est, dans tous les sens du mot, la
source des lumières que je n'ai pas et des lumières

---

[1] Ratio non impletur manifestis ; pars ejus major ac melior in
occultis est.

plus grandes que la lumière qui est en moi.

C'est ainsi que les droits de la pensée individuelle, mal compris, détruisent aujourd'hui en
Europe, la société spirituelle, et diminuent ou
même éteignent, en détruisant la société des âmes,
chaque intelligence et chaque âme.

Eh bien ! tout cela n'est encore que le moins
triste côté de ce qu'on peut et doit appeler la formidable situation intellectuelle du temps présent.
Ce n'est là que le mal ancien. Voici le nouveau.

———o◎o———

PARTIE PHILOSOPHIQUE.

Passons, Monsieur, à la partie philosophique
de votre livre.

Il faut distinguer ici la critique même de l'école
d'Alexandrie, et les doctrines philosophiques que
vous émettez en votre propre nom.

Quant au premier point, qui est le sujet du
livre, je n'en ai pas vérifié un seul texte et je n'en
compte vérifier aucun. Voici pourquoi.

7

Je ne vérifierais ces textes que si j'avais quelque raison de combattre vos conclusions sur l'école d'Alexandrie, prise en elle-même, et indépendamment de ses rapports avec le Christianisme.

Or, je ne puis avoir aucune raison de combattre vos conclusions sur ce sujet ; car il m'est impossible de les connaître, et je ne pense pas qu'aucun lecteur parvienne à les connaître.

Voici, en effet, comment vous concluez et quel résultat vous obtenez sur la méthode, la morale et la nature de l'éclectisme alexandrin.

I.

Quant à la méthode[1] :

« Bien supérieure, comme méthode théologi-
« que, à la métaphysique qui refuse l'existence à
« l'universel, et à la dialectique qui le sépare des
« individus, l'analyse néoplatonicienne atteint
« son principe *sans sortir de la réalité*. Elle pro-
« cède par intuition et non par abstraction. La

[1] T. III, 238.

« dialectique, déjà moins abstraite que la mé-
« thode toute mathématique des pythagoriciens,
« ne peut cependant, par une opération purement
« logique atteindre le véritable universel ; en le
« cherchant en dehors de la réalité et de l'essence
« intime des choses, elle ne rencontre que l'unité
« de genre. *Au contraire la méthode de Plotin*, en
« se fixant au sein de l'individu, à l'exemple
« d'Aristote, *découvre, au lieu d'un type abstrait,*
« *un principe vraiment substantiel,* au lieu de
« l'unité de genre, l'*unité de vie et d'être,* enfin,
« l'*universel réel et vivant,* au lieu d'une simple
« forme logique. De là une nouvelle théorie du
« monde intelligible qui n'explique pas seulement
« comme celle de Pythagore et de Platon l'ordre,
« la proportion, la forme, la beauté, mais encore
« et surtout le mouvement, la vie, la substance
« même des êtres du monde sensible. »

J'ai tout copié, sans passer un mot.

Vous ajoutez : « L'analyse de Plotin..... cher-
« che son principe, non en dehors, mais *au fond*
« *de la réalité, qu'elle n'abandonne jamais, dans*
« *ses abstractions les plus subtiles, dans ses con-*
« *ceptions les plus hautes.* » D'où vous concluez
que « l'analyse alexandrine seule pouvait parvenir

« à la vraie unité, à l'unité de substance et de vie
« en même temps que de mouvement. »

Or, aussitôt après, à la page 240, cette même
méthode, cette même analyse « égare la philoso-
« phie dans un monde d'abstractions et de chimè-
« res..... L'école d'Alexandrie est la première qui
« ait cherché l'unité pour l'unité, c'est-à-dire une
« *abstraction..... Au lieu de l'être, le non être; au*
« *lieu de la lumière, la nuit; au lieu de la perfec-*
« *tion, le néant,* voilà où mène la méthode alexan-
« drine..... *La méthode alexandrine aboutit.....*
« *au néant et à la mort.* »

Et pourtant, à la page précédente[1], cette méthode
découvre « au lieu d'un type abstrait, un principe
« vraiment substantiel,..... l'unité de vie et d'être,
« enfin, l'universel réel et vivant. »

Comment aboutit-elle *au néant et à la mort,*
puisqu'elle découvre le vrai principe, *l'unité de*
vie et d'être, l'universel réel et vivant?

Voulez-vous dire que tantôt cette méthode va
droit et tantôt elle s'égare? Cela n'aurait pas de
sens. Une méthode va toujours droit quand elle
est bonne, et s'égare toujours si elle est mauvaise.

---

[1] T. III, p. 239.

Mais ce n'est pas même cela. Vous dites vous-
même que « cette analyse cherche son principe....
« au fond de la réalité, qu'elle n'abandonne ja-
« mais dans ses abstractions les plus subtiles, dans
« ses conceptions les plus hautes. » Comment, si
elle n'abandonne *jamais* la réalité, peut-elle arriver à la nuit, au non être, au néant.

Entre ces textes contradictoires, rapprochés,
réunis dans les mêmes pages, comment puis-je
faire pour connaître votre pensée sur la méthode
du Néoplatonisme ?

II.

La morale.
. Vous dites de la morale des alexandrins, à la
page 425 : « Le regard sans cesse fixé sur un faux
« idéal, le moraliste de cette école ne comprend
« qu'imparfaitement la vie, la vertu, la perfection.»
Or, trois lignes plus bas, vous ajoutez : « Le
« mysticisme de cette école, quelque préoccupé
« qu'il soit de son idéal, ne délaisse point les ver-
« tus pratiques par la contemplation et l'extase.

« Le platonisme et le stoïcisme ne professent pas
« un plus sérieux attachement aux devoirs de
« la vie ordinaire. Les chefs de l'alexandrinisme
« enseignaient et pratiquaient admirablement
« toutes les vertus politiques au sein d'une société
« en ruine. » Voici donc que vous affirmez au bas
de la page justement ce que vous venez de nier au
haut. S'ils ne comprennent qu'imparfaitement la
vie, la vertu, la perfection, comment se fait-il
qu'ils enseignent et pratiquent admirablement
toutes les vertus politiques?

Plotin, dites-vous encore, s'élève avec la plus
grande énergie contre ce mysticisme « effréné qui,
« plein de mépris et de dégoût pour cette misé-
« rable vie, aspire à en sortir au plus tôt..... » Et
« cette doctrine est celle de l'école toute entière. »
Comment alors est-il possible d'ajouter ensuite,
à la page 428, que, « malgré tout cela, c'est une
« doctrine morale, qui détruit l'harmonie de la
« vie humaine par la séparation absolue de la vie
« pratique et de la vie contemplative, » et que,
« dans son plus haut effort, cette doctrine n'as-
« pire qu'à la mort avec ses symptômes infailli-
« bles, le silence et l'immobilité. La mort et le
« néant, voilà où aboutit l'extase. »

C'est ainsi que, selon vous (p. 441), le mysticisme alexandrin « lutte contre la nature..... Et
« c'est là, dites-vous, ce qui fait la tristesse et le
« désespoir des mystiques alexandrins. »

Mais n'avez-vous pas écrit, à la page 426, que
Plotin, plein d'admiration pour le monde, « en
« célèbre avec enthousiasme la beauté, l'harmo-
« nie, le plan merveilleux ; il pousse l'optimisme
« jusqu'à nier l'existence du mal. A ses yeux, tout
« est bon dans l'univers..... Et cette doctrine est
« celle de l'école toute entière. Porphyre.......
« Jamblique, Proclus pensent, à cet égard, et par-
« lent absolument comme Plotin. »

Vous insistez et ajoutez : « Ce caractère du mys-
« ticisme alexandrin ne saurait être trop mis en
« lumière. Bien différent des mystiques de l'Inde,
« de la Gnose et même du christianisme, le mys-
« tique néoplatonicien aime et admire le théâtre
« où la Providence l'a placé, il prend au sérieux
« le rôle qui lui a été assigné et en remplit tous
« les devoirs jusqu'au bout, sans laisser échapper
« une plainte ou un cri d'impatience. *Cette con-*
« *stance admirable n'est point seulement la rési-*
« *gnation d'un malheureux qui souffre en espérant,*
« *c'est l'accomplissement calme et serein d'une des-*

« *tinée qui, pour n'être pas définitive, n'en est pas* « *moins jugée excellente.* » Mais alors qu'est-ce qui fait la tristesse et le désespoir du mysticisme alexandrin ? Comment ce mysticisme peut-il être à la fois « calme et serein » et « plein de tristesse et de désespoir ? »

Entre ces conclusions, directement contradictoires, je demande de nouveau ce qu'il faut faire pour connaître votre pensée sur la morale des alexandrins.

Est-elle bonne ou mauvaise? Mène-t-elle à la vie ou à la mort? Vous soutenez les deux avec une égale force. Quelle que soit ma propre opinion sur ce sujet, je n'ai pas à vous contredire, puisque je ne sais pas ce que vous dites.

III.

Voici maintenant quel est le caractère de l'éclectisme alexandrin :

« Tel était l'état de la philosophie grecque à l'a- « vénement du néoplatonisme. Pour faire cesser « cette anarchie,.... une seule chose était à faire :

« réunir sous un principe nouveau toutes les doc-
« trines en apparence contraires de la philoso-
« phie...... A cette œuvre éclectique, vraiment
« digne de son génie, le néoplatonisme consacra,
« outre une vaste érudition, une puissance de dia-
« lectique, une force d'intuition qu'aucune école
« n'a surpassée et en fit sortir le plus complet et
« le plus profond système que la philosophie an-
« cienne ait produit. Synthèse merveilleuse, où
« cesse, enfin, le long divorce entre la raison et
« l'expérience, entre le monde intelligible et le
« monde sensible, où l'universel et l'individuel se
« confondent à tous les degrés de l'être,.... dans
« l'unité..... »

« Cet éclectisme n'est point une simple juxtapo-
« sition, un rapprochement forcé de principes
« contraires ; c'est une véritable alliance, la fusion
« harmonieuse de doctrines dont la contradiction
« disparaît dans l'unité d'un principe supérieur.

« Cette école rapproche et concilie toutes les
« écoles ;.... elle parvient à réunir et à fondre en-
« semble, en les transformant, tous les éléments
« de la pensée grecque, le platonisme, l'aristoté-
« lisme, le stoïcisme, et jusqu'à l'éléatisme et au
« pythagorisme. »

Voilà ce que vous pensez du néoplatonisme à la page 460 ; mais tout n'est pas dit. A la page 463, vous poursuivez votre conclusion et vous ajoutez :

« Voilà tout le néoplatonisme. C'est avec cette
« méthode, ces principes, ces formules qu'il juge,
« accepte ou exclut les doctrines du passé. Me-
« sure étroite et peu éclectique.... Le néoplato-
« nisme n'est pas un cadre assez large pour l'al-
« liance des diverses doctrines de la philosophie
« grecque ; ces doctrines n'y peuvent entrer que
« par une mutilation qui leur enlève leur véritable
« caractère. Le prétendu éclectisme des alexan-
« drins n'est pas une conciliation impartiale de
« tous les éléments de la pensée dans l'intérêt com-
« mun de la science et de la vérité. C'est une trans-
« formation forcée et artificielle de toutes les
« doctrines dans une doctrine puissante, supé-
« rieure à beaucoup d'égards, mais exclusive elle-
« même. »

A laquelle de ces deux conclusions contraires et contradictoires dans les termes, faut-il s'en tenir ?

Qu'est-ce donc le Néoplatonisme ?

Est-ce une *œuvre éclectique*, vraiment digne du génie (p. 460), ou bien une *mesure étroite et*

peu éclectique (p. 464) ; est-ce une *synthèse merveilleuse* (p. 460) ou *un cadre pas assez large pour
l'alliance des diverses doctrines* (p. 464)? « Cet
« éclectisme, qui *n'est point une simple juxtaposi-
« tion, un rapprochement forcé* de principes con-
« traires, *mais une véritable alliance, la fusion
« harmonieuse* de doctrines dont la contradiction
« disparaît dans l'unité d'un principe supérieur; »
cet éclectisme, dis-je, n'est-il « qu'*un prétendu
« éclectisme qui n'est pas une conciliation* impar-
« tiale de tous les éléments de la pensée; mais *une
« transformation forcée et artificielle* de toutes
« les doctrines? » Lequel des deux faut-il croire?

Il est clair que de telles conclusions n'ont pas
besoin d'être combattues, puisqu'elles se neutra-
lisent elles-mêmes, n'étant que le oui et le non
superposés sur le même point.

Voilà pourquoi, Monsieur, je n'ai vérifié et ne
vérifierai aucune de vos citations tirées des auteurs
alexandrins.

Or, ces inexplicables contradictions qui constituent la conclusion même, ou mieux l'absence de
conclusion de votre livre, sur le propre sujet qu'il
traite, ne sont point, dans vos trois volumes, un
fait isolé.

Je ne pense pas qu'il y ait un autre ouvrage, écrit en langue française, sauf le livre *des Contradictions économiques* de Proudhon, qui renferme, à beaucoup près, autant de contradictions directes, inconciliables, que votre critique du Néoplatonisme.

On se rappelle que Proudhon disait : « Dieu, « c'est le mal ; la propriété, c'est le vol, etc. » Que de plus, ces contradictions sont sa méthode, comme il l'avoue lui-même. « C'est en vertu de cette mé- « thode négative, dit-il, que nous avons été con- « duits à poser comme principe, en religion, l'a- « théisme ; en gouvernement, l'anarchie ; et en « économie, la non-propriété. »

Le souvenir n'est pas hors de propos. Il nous mène à considérer vos doctrines philosophiques en elles-mêmes.

IV.

On sait que Proudhon est un disciple de la sophistique allemande, c'est-à-dire de l'hégélianisme.

Or, Monsieur, vous ne cachez pas votre prédilection pour Hégel et sa philosophie. « La philoso-
« phie allemande, dites-vous, réconcilie dans une
« science supérieure le réalisme et l'idéalisme jus-
« que-là ennemis. A-t-elle définitivement résolu le
« problème de la vérité, et réalisé l'accord de l'ex-
« périence et de la raison ? C'est la prétention de ses
« plus illustres penseurs et l'opinion générale de
« l'Allemagne philosophique. Pour en juger, une
« étude approfondie des procédés et des démon-
« strations de cette philosophie serait nécessaire.
« Jusqu'à ce jour l'esprit français répugne invin-
« ciblement aux méthodes et au langage de la pen-
« sée allemande, lors même qu'il en admire la
« grandeur et la fécondité. »

Plus haut, page 488, en parlant de Hégel, de la sophistique allemande et de sa doctrine de l'*absolu* et du *principe de l'identité* (dont je dirai un mot), vous vous exprimez ainsi : « Cette doctrine
« de la connaissance nous semble la vraie solution
« du problème de la vérité. »

Ainsi, Monsieur, vous êtes hégélien ; seulement, vous ne faites point partie de ce qu'on appelle la gauche hégélienne, où siége Proudhon ; mais enfin

vous êtes hégélien, et vous admettez le principe et
les résultats de la doctrine.

Or le principe de ce système, comme vous le
dites, c'est *le principe de l'identité*. Quant au résultat, je le nommerai par son nom tout à l'heure,
quand j'aurai parlé du principe qui est en même
temps cette méthode, ce procédé, que vous aime-
riez à introduire parmi nous.

V.

Qu'est-ce que le principe de l'identité?

Ce que je vais dire est invraisemblable, mais
vrai.

Je commence par déclarer que mon exemplaire
de Hégel, texte allemand, est criblé de notes mar-
ginales de ma main; et que j'ai sous les yeux, ou
que je sais par cœur, en allemand, les textes que
je cite.

Le principe de l'identité n'est rien moins, selon
l'hégélianisme, qu'une transformation radicale de
la logique.

« C'est en vain, dit Hégel, que l'on voudrait

« conserver les formes du passé, et résister à un

« nouvel avénement !...

« Le moment est venu de transformer la logi-

« que. [1] »

Soit : en quoi consiste cette transformation ?

L'ancienne logique, celle que le monde a connue jusqu'à présent, admet qu'on ne peut affirmer en même temps le pour et le contre d'un
même sujet dans le même sens et sous le même
rapport. C'est ce qu'on appelait *le principe de contradiction*, ou *principium exclusi tertii*, comme
quand on dit : telle chose est ou n'est pas ; il n'y
a pas de milieu.

Eh bien ! Hégel, tout en disant qu'il maintient
ce principe (Hégel se contredit directement sur
tous les points), Hégel dit qu'il lui en superpose
un autre, savoir : le *principe de l'identité*, principe
qu'on appelle en Allemagne *principium tertii intervenientis; le principe du troisième survenant.*

Qu'est-ce que le principe du troisième survenant ou principe de l'identité ? C'est le principe
supérieur en vertu duquel toutes les contradictions, qui sont bien, en effet, des contradictions

[1] Hégel. Œuvres, t. III, p. 3-6.

selon les Hégéliens (ce qui maintient l'ancienne logique tout en la transformant), toutes ces contradictions, dis-je, sont conciliées et ramenées à l'identité. C'est pourquoi le principe hégélien se formule ainsi : *Identité de l'identique et du non identique* [1].

C'est ce principe que Hégel démontre plusieurs fois *ex professo*, dont il développe sans cesse la théorie et qu'il applique à toutes les pages de ses dix-huit volumes. C'est le fond du système; c'est ce qui élève la raison supérieure (Vernunft) au-dessus du sens commun (Verstand); c'est, en un mot, toute la logique, et la logique est tout, dit-il. Par exemple, pour avoir le principe fondamental de la métaphysique, il suffit de traduire la formule logique et de dire : « L'être pur, c'est le « néant pur [2]. »

Or, ce principe fondamental de ce qu'on nomme aujourd'hui la philosophie allemande, l'hégélianisme, *cette identité de l'identique et du non identique*, ce principe qui fait dire à Hégel que *l'être*

---

[1] Identität des Identischen und Nichtidentischen.

[2] Das reine Nicht ist das reine Sein.

c'est le néant[1]; que *les ténèbres sont la lumière*[2]; que *la nécessité c'est la liberté*[3]; et qu'il en est de même *du bien et du mal*[4]; que l'infini, c'est le fini; que Dieu, c'est le monde, etc., et toutes les autres identités que l'on voudra imaginer, comme celle du *passif* et de l'*actif* (commerce), du *tout et de la partie* (géométrie), du *positif et du négatif* (algèbre), au point que Hégel soutient vraie cette équation : $+ y - y = 2 y$[5]; tous ces délires, enfin, sont *le principe de l'identité*.

Voilà, monsieur, le principe de la doctrine dont vous dites que « cette doctrine de la connaissance « vous semble la vraie solution du problème de la « vérité. »

Et ce principe est en même temps le procédé. Ce procédé, qui est un procédé de perpétuelle con-

[1] Sein und Nichts ist dasselbe. Encycl. Log. § 88 et partout ailleurs.

[2] Das reine Licht ist die reine Finsterniß. Ibis. §. 36

[3] Nothwendigkeit... die wahrhaft innere... ist die Freiheit. Ibid. §. 35.

[4] Eben so verhält es sich mit dem Gegensatz des Guten und Bösen. *Ibid.*

[5] C'est là sans doute ce qui a toujours fait repousser Hégel par la section de géométrie de l'Institut de Berlin, qui comprenait que si le principe de l'identité absolue triomphait, c'en était fait de la géométrie.

tradiction, Hégel l'applique partout, dans toutes les parties, dans tous les détails de son système. Ses ouvrages ne sont qu'un tissu de contradictions dans les termes. Quand il juge les doctrines et les faits, pour montrer que tout est à la fois bon et mauvais, vrai et faux, juste et injuste, il porte sur un même fait et sur une même doctrine des jugements contradictoires, affirmant, par exemple, à propos de Socrate, qu'il fut justement condamné, et aussitôt après que ce fut à tort, que les Athéniens eurent raison de se repentir ensuite de la juste condamnation de Socrate.

VI.

Mais comme tout ceci est incroyable et qu'on nous reproche, quand nous affirmons ces choses de vive voix, de ne pas comprendre Hégel; comme votre doctrine, Monsieur, est celle de Hégel, méthode et résultats, ce que vous avouez, d'ailleurs, en disant que « cette théorie de la connaissance « vous semble la vraie solution du problème de

« la vérité et la seule base solide du dogma-
« tisme; » comme votre livre est un effort pour introduire en France ce principe et cette méthode,
ces *grands et féconds résultats*, il est nécessaire
qu'on sache bien à quoi s'en tenir sur le principe
nouveau qui nous est proposé par vous pour régé-
nérer la philosophie.

Je dis que ce principe, tel que je viens de le dé-
crire et non pas autre, ce principe du *troisième
survenant*, qui concilie toujours tout, ce principe
de l'*identité absolue de l'identique et du non identique*, je dis que ce principe, enfin, dans tout le
prodige de son absurdité, a été non-seulement pratiqué, appliqué par Hégel perpétuellement, mais
encore théoriquement expliqué et démontré *ex
professo*. Je le dis, et je cite textuellement la démonstration, en prévenant que Hégel l'a répétée
plusieurs fois dans ses ouvrages, presque dans les
mêmes termes. Ce qui suit est tiré de la grande
logique, page 116, deuxième édition.

Il s'agit de démontrer le principe de l'*identité
absolue de l'identique et du non identique*, en d'autres termes, que *quelque chose* et *autre chose* sont
toujours *identiques*.

« En premier lieu, dit Hégel, *quelque chose* et

« *autre chose* sont l'un et l'autre existants ; donc « ils sont tous les deux *quelque chose*. [1]

« En second lieu, chacun des deux est en même « temps *autre chose*.

« Peu importe celui des deux que, sans autre « raison, on appellera le premier *quelque chose*.

« Notez qu'en latin, quand ils se présentent l'un « et l'autre dans une proposition, tous les deux « s'appellent *aliud*. On dit : *alius alium*, *alter* « *alterum*.

« Si nous appelons A un certain être, et B un au- « tre être, B d'abord est, par là, déterminé comme « *autre ;* mais A est en même temps tout aussi bien « *l'autre* de B. Tous les deux sont donc au même « titre *autre chose*....

---

[1] Etwas und Anderes sind beide Erstens Daseiende oder Etwas.

Zweitens ist ebenso jedes ein Anderes. — Es ist gleichgültig welches zuerst und blos darum Etwas genanntwird ; (im Lateinischen, wenn sie in einem Satze vorkommen, heißen beide aliud, oder einer den Anderen, alius alium ; bei einer Gegenseitigkeit ist der Ausdruck : alter alterum analog.) Wenn wir ein Dasein A nennen, das andere aber B, so ist zunächst B als das Andere bestimmt. Aber A ist ebenso sehr das Andere des B. Beide sind auf gleiche Weise Andere....

Beide sind sowohl als Etwas als auch als Anderes bestimmt, hiermit dasselbe, p. 117.

« Donc, tous les deux, soit en tant que *quelque*
« *chose*, soit en tant qu'*autre chose*, sont toujours
« *la même chose.* »

Quand on n'a plus ces textes sous les yeux, on
n'y croit plus. Ils sont absolument invraisemblables ; mais, enfin, ils existent. Les voici au bas de
ces pages. Que ceux qui doutent de notre traduction se les fassent traduire mot à mot. Nous avons,
du reste, fait vérifier nos traductions par un
Allemand des plus instruits et très-favorable à
Hégel.

Nous avons mis en italique les mêmes mots
que le texte allemand.

Ici on peut nous objecter : d'abord qu'on ne
comprend pas la démonstration qui vient d'être
citée textuellement, et ensuite qu'on ne peut pas
croire que ce soit là la démonstration fondamentale du célèbre principe de l'*identité,* et de tout
le système de l'*identité absolue.*

Je vais donc mettre l'argument en forme pour
le rendre plus clair.

Soit un objet quelconque. Je dis que cet objet
est identique à tout autre.

En effet, soit un second objet différent du premier.

Ce second objet est *autre* à l'égard du premier.

Mais le premier par conséquent est *autre* à l'égard du second.

Donc ils sont AUTRE tous les deux.

Donc ils sont identiques par ce principe de l'ancienne logique que deux choses identiques à une troisième sont identiques entre elles. Les deux objets étant ici identiques à AUTRE sont identiques entr'eux.

On voit le rôle *du troisième survenant* (*principium tertii intervenientis*) dans la dialectique de Hégel. L'*autre* est ici ce troisième survenant qui unit les deux objets différents, et en démontre l'identité. C'est ainsi qu'en général l'*identique* et *le non identique sont identiques*. Il y a toujours un troisième survenant, ne fût-ce que *l'autre* ou le *non identique*.

Maintenant si quelqu'un ne peut croire que ce soit là la démonstration fondamentale du célèbre principe de l'*identité*, et suppose que nous nous permettons de le travestir facétieusement, nous demandons qu'on relise le texte qui vient d'être cité, ou bien qu'on s'en rapporte à Willm, l'imperturbable historien de Hégel.

« Telle est, dit Willm, la subtile déduction *du*
« *principe fondamental* de Hégel : elle repose prin-
« cipalement sur cette assertion sophistique que
« quelque chose de déterminé en devenant un
« autre, ne fait que revenir à soi, *parce qu'il est*
« *lui-même* UN AUTRE QUANT A L'AUTRE *et par con-*
« *séquent identique avec lui*[1]. »

Quant à Hégel il tient tellement à cette démonstration, qui joue sur les deux mots *quelque*
chose et *autre chose*, qu'il la reproduit presque
dans les mêmes termes en maint endroit, notamment au paragraphe 95 de la logique où il
déclare invincible « cette démonstration toute
« simple, qui à cause de sa simplicité même ne
« frappera peut-être pas assez, mais qui est *irré-*
« *futable*[2]. »

Ainsi, c'est cette démonstration de l'identité de
quelque chose et d'*autre chose*, démonstration
qu'il est impossible de considérer comme un propos sérieux, c'est cette démonstration fondamen-

---

[1] Willm, Hist. de la Phil. allem., t. IV, p. 160.

[2] Die ganz einfachen, darum vielleicht unscheinbaren, aber
unwiderleglichen Reflexionen, die im § enthalten sind. Encycl.
Log., § 95.

tale de tout le système (le système de l'identité
absolue), que Hégel donne , nous le voyons ,
comme étant irréfutable.

Ainsi raisonne et parle ce bateleur de la pensée ; bateleur assurément : seulement, Hégel
est comparable à un bateleur qui se prendrait
au sérieux, et qui, tenant deux boules dans ses
deux mains, croirait vraiment faire passer l'une
dans l'autre, quand il fait glisser l'une dans sa
manche.

Certainement, jamais la décomposition intellectuelle n'a été poussée aussi loin. Jamais pareil
défi n'avait été porté à la raison.

Hégel est le plus complet des sophistes. Il nie
toute évidence et affirme toute absurdité. Hégel,
par exemple, nie la vérité absolue de ces deux
propositions : L'*Être est*, *et le néant n'est pas*.
Selon lui, c'est là l'enfance de la pensée, et il est
plus vrai de dire que l'*Être n'est pas* et que *le néant
est*, et c'est là un progrès de la réflexion philosophique, représenté par les sophistes grecs. Il pense
que la vérité même, c'est de dire que l'Être n'est
pas et est, que le néant est et n'est pas. « Héraclite,
« dit-il, est le premier qui ait émis ce mot pro-
« fond : l'*Être et le non être sont la même chose* :

« *tout est et n'est pas* ¹. Or, dit ailleurs Hégel, il
« n'y a pas une seule proposition d'Héraclite que
« je n'admette dans ma logique ². »

Voici qui est plus prodigieux encore s'il est
possible.

Gorgias avait fait ce raisonnement, ainsi résumé par Hégel : « L'*Être et le néant ne peuvent*
« *pas exister en même temps*. Si l'un *existe* aussi
« bien que l'autre, ils sont même chose; donc
« aucun des deux n'*est*. Car le néant n'est pas :
« donc l'Être qui lui est identique n'est pas non
« plus. Ils ne sont pas non plus *deux*, car, puis-
« qu'ils sont identiques, je ne puis pas dire qu'ils
« sont deux ; donc, ajoute aussitôt Hégel, ils ne
« sont pas deux ; car si je dis qu'ils sont deux,
« c'est dire qu'ils sont différents.

« Cette dialectique, reprend Hégel, qu'Aristote
« attribue en propre à Gorgias, est parfaitement
« vraie. Car lorsqu'on parle de l'Être et du Néant
« on dit toujours, en même temps, le contraire

---

¹ Hist. de la Phil., t. 1, p. 305, hat dieser kühne Geist zuerst das
tiefe Wort gesagt : „Sein und Nichtsein ist dasselbe.
Alles ist und ist auch nicht.‟

² Ibid. p. 304. Es ist kein Satz des Heraclit, den ich nicht in
meine Logik aufgenommen.

« de ce qu'on veut dire. *Être et Néant sont aussi*
« *bien même chose qu'autre chose.* Sont-ils même
« chose, je dis qu'ils sont deux, donc différents.
« Sont-ils différents, j'énonce de l'un et de l'autre
« un même prédicat, la *différence* [1] » (ce qui montre qu'ils sont même chose.)

Les textes sont toujours au bas de la page ; la
traduction est garantie. Le morceau est entier,
continu, pas un mot n'est omis.

D'où il résulte simplement qu'en toute vérité
Hégel n'admet pas que l'Être est, et que le Néant
n'est pas.

Demandez à un hégélien d'admettre cette pro-

---

[1] „Ebenso können beide, Sein und Nichtsein, nicht zu-
gleich sein. Ist ebenso wohl Eines wie das Andere: so sind sie
dasselbe, und darum ist Keines von Beiden; denn das Nichtsein ist
nicht, und also auch das Sein, da es mit ihm identisch ist. Noch
können sie umgekehrt Beide sein, weil, wenn sie identisch sind, ich
nicht Beide sagen kann." Also auch nicht Beide sind; denn wenn ich
Beide sage, so sage ich Verschiedene. Diese Dialektik, die Aristoteles
gleichfalls als dem Gorgias eigenthümlich angehörend bezeichnet,
hat ihre vollkommene Wahrheit: man sagt, indem man von Sein
und Nichtsein spricht, immer auch das Gegentheil von dem, was
man sagen will. Sein und Nichtsein sind sowohl dasselbe, als nicht
dasselbe: sind sie dasselbe, so sage ich Beide, also Verschiedene; sind
sie verschieden, so sage ich von ihnen dasselbe Prädikat, die Verschie-
denheit, aus. Hist. de la Phil., t. II. p. 37.

position : l'Être est et le néant n'est pas. Vous l'embarasserez beaucoup.

J'ai fait moi-même cette expérience à l'égard de l'un des hommes les plus instruits et les plus spirituels que je connaisse, mais, selon moi, trop versé dans la philosophie de Hégel. Admettez-vous, lui dis-je, que *l'Être est* et que *le néant n'est pas.*

Après hésitation, je reçois cette réponse textuelle : « le néant ! il faut pourtant bien qu'il soit « quelque chose, puisqu'on le nomme. »

C'est précisément ce que dans l'admirable dialogue du sophiste, où Platon semble avoir tout prévu, la sophistique objecte en faveur du néant. Mais alors, dit Platon, si le néant est, voyons quelle est son essence. Il découvre bientôt que l'essence du néant est de n'être absolument pas, et il accorde sans plus tarder que le néant *est* cela, c'est-à-dire *ce qui n'est absolument pas.*

Mais Hégel en conclut que le néant *est* aussi bien que l'Être, et que d'ailleurs Être et Néant sont aussi bien même chose qu'autre chose.

C'est-à-dire que Hégel détruit la possibilité de la parole et de la pensée, comme Aristote l'affirme des sophistes grecs que le sophiste allemand continue et développe.

VII.

Il y a sous tout ceci un mystère que j'indique d'un mot :

Les Sophistes du xviiie siècle ont attaqué la foi au nom de la raison ; ceux du xixe siècle attaquent aujourd'hui la raison.

Les sophistes suivent, dans l'ordre intellectuel, la marche qu'ils suivent, selon Tacite, dans l'ordre politique : ils attaquent la vie raisonnable, comme ils attaquent la vie sociale. « Ils attaquent « d'abord le pouvoir, dit Tacite, au nom de la « liberté ; et quand le pouvoir est vaincu, ils s'en « prennent à la liberté [1]. » Nous voyons la même chose sous nos yeux dans l'ordre intellectuel. Ils ont d'abord attaqué le pouvoir et l'autorité de la foi, au nom de la raison ; ils attaquent maintenant la libre et évidente lumière de la raison. Ils ont repoussé d'abord le Verbe éternel illuminant de

---

[1] Ut imperium evertant, libertatem præferunt ; si perverterint, libertatem ipsam aggredientur. Annal. xvi, 22.

ses révélations l'assemblée des chrétiens ; ils attaquent aujourd'hui le Verbe, illuminant, comme lumière éternelle de la raison, tout homme venant en ce monde. C'est la seconde phase du sophisme ; c'est la seconde et plus haute puissance du blasphème.

Tel est le progrès de la décomposition intellectuelle. La sophistique hégélienne est ce progrès.

Et telle est la philosophie et la méthode que vous, Monsieur, directeur des études de l'école Normale supérieure, source de l'enseignement public en France, vous parlez d'importer en France. Voilà les doctrines dont vous admirez la grandeur et la fécondité, (p. 490) dont vous dites: « Cette doctrine de la connaissance nous semble « la vraie solution du problème de la vérité ; » (p. 489) celle dont vous dites : (p. 514) « De- « puis trente ans la philosophie nouvelle élève « au-dessus des vieilles écoles ce drapeau de la « Concorde » et dans votre enthousiasme vous ajoutez : « *In hoc signo vinces !* »

Il est certain que l'absurde audacieusement offert, en face et sans détour, a parfois une étrange puissance. Il fascine comme un précipice. J'en connais des exemples. Dès qu'une fois un esprit a eu la faiblesse d'hésiter un instant en face de l'absurde visible, cet esprit est perdu. De même qu'il n'y a plus rien à attendre, dans l'ordre de la pensée, d'un esprit qui demande la démonstration de l'évidence, il n'y a rien non plus à espérer de celui qui attend la réfutation de l'absurde, qui est l'évidence de l'erreur. Au delà de l'évidence, il n'y a rien à démontrer; au delà de l'absurde, il n'y a rien à réfuter. La philosophie s'arrête là. L'esprit alors, privé du point d'appui de l'évidence et du garde-fou de l'absurde, l'esprit sort des limites de la raison, et abandonne la philosophie pour entrer dans la sophistique. La sophistique c'est le procédé d'une raison renversée qui demande la démonstration de l'évidence, et qui nie l'évidence en attendant ; qui demande la réfutation de l'absurde, et qui affirme l'absurde en attendant.

Or quand un esprit, sous l'influence de l'hégélianisme, qui est la sophistique sous sa forme la plus audacieuse en même temps que la plus ridicule, a une fois éclaté, et rompu les deux bornes extrêmes de la raison, qui sont l'évidence et l'absurde, cet esprit, quelle que soit sa richesse, sa distinction et ses qualités naturelles, cet esprit est perdu. Il n'y a plus à compter sur ses jugements. L'assertion est pour lui égale à son contraire. Il cherche la contradiction par méthode. Il ne s'agit plus ici de philosophie ; il ne s'agit plus que de ce stérile mouvement de la pensée du pour ou contre, que Platon nomme, par dérision, dans le Sophiste, l'*énantiopoiologie*.

C'est en ce sens que je reconnais à l'absurde, à la sophistique allemande, une grande puissance : celle de tuer des esprits, de frapper des individus pour toujours ; mais de vaincre la civilisation moderne et la raison du genre humain, non ! J'ai même l'espoir qu'elle servira beaucoup au triomphe de la vérité.

Quoi qu'il en soit, Monsieur, je suis malheureusement forcé de porter sur votre livre ce jugement, c'est qu'il appartient en effet à cette doctrine.

Nous avons vu les contradictions, absolument inconciliables, dont il fourmille. Nous allons voir, par votre aveu, que ces contradictions s'y trouvent, non pas par accident, mais par méthode, et en vertu du *principe de l'identité.*

Vous le dites formellement : « La *philosophie* « *nouvelle* sortira de l'alliance systématique..... « des principes de l'esprit humain, appliqués jus-

« qu'ici exclusivement, et de manière à n'aboutir
« qu'à des résultats faux ou contradictoires[1]. »
Mais quels sont ces principes qu'à votre avis la
philosophie nouvelle doit allier systématiquement? Vous en citez plusieurs exemples. En voici
deux.

Premier principe : « Le monde a un commen-
« cement quant au temps, et il est limité quant à
« l'espace. »

Second principe : « Le monde est infini quant
« au temps et à l'espace[2]. »

Voilà les deux principes qu'il faut unir, identifier, en vertu du principe de l'identité. Vous les
appelez, comme Hégel, la *thèse* et l'*antithèse*, et
d'après vous comme d'après Hégel, la vérité se
trouve toujours dans la *synthèse* de la *thèse* et de
l'*antithèse*.

Mais comment appliquer la méthode à ce cas
particulier? Comment identifier ces deux principes évidemment contradictoires? J'ai lu et relu la
page[3] où vous entreprenez cette difficile *synthèse;* je ne l'ai pas comprise. Seulement je constate le fait, c'est que vous entreprenez cette syn-

---

[1] T. III, p. 508. — [2] T. III, p. 503. — [3] T. III, p. 504.

thèse, et que vous affirmez ceci : « Il n'y a pas ici
« deux thèses contradictoires en présence, comme
« l'a pensé Kant, mais seulement deux vérités
« incontestables, chacune dans sa sphère [1]. » Vous
affirmez donc que ces deux principes : *le monde
a un commencement quant au temps, et il est limité quant à l'espace. Le monde est infini dans le
temps et l'espace*, sont également *deux vérités incontestables.*

Vous affirmez la même chose de ces deux autres
principes :

« Il y a une cause première à la série des mou-
« vements qui se succèdent dans l'univers.

« Il ne peut y avoir de cause première à une
« série infinie [2]. »

Vous affirmez « qu'il n'y a rien de plus facile à
« concilier [3] » que ces deux principes.

Comment? Je ne le sais pas, mais je constate que
vous affirmez cela.

D'où je conclus, ce que je voulais démontrer,
que vous pratiquez la contradiction non pas par
accident, mais par méthode.

Ce livre donc n'appartient pas à la philosophie;

---

[1] T. III, p. 504. — [2] T. III, p. 506. — [3] T. III, p. 507.

sa méthode et ses résultats sont sophistiques. Il
n'appartient pas davantage à la science, puisqu'on
ne peut appeler science ce vertige de la pensée qui
trouve arbitrairement et à son choix tout en tout,
et rien dans rien, et qui affirme systématiquement
et aveuglément ce qu'elle veut, malgré les textes
et les faits.

VIII.

Ce n'est qu'avec un vif regret que je porte ce
jugement sur un esprit incontestablement riche,
élevé, distingué, qui, s'il n'avait été malheureusement touché par la sophistique allemande, eût
pu porter des fruits heureux. Ce qui me reste à
dire est plus pénible encore. Je me demande avec
douleur comment un homme de bien, un homme
sincère, dans la parole et dans le style duquel on
sent de l'âme, a pu admettre aussi le résultat
de la sophistique allemande, résultat que j'ai
promis d'appeler par son nom et qui est l'A-
THÉISME.

Lorsque vous lirez ces lignes, Monsieur, vous bondirez. C'est pour cela précisément que je puis vous dire honnête homme. Vous n'avez pas l'athéisme dans le cœur ; mais votre philosophie c'est l'athéisme, inévitable résultat de votre méthode, la sophistique. Votre doctrine, c'est l'athéisme. Qu'on me comprenne. Je ne dis pas le panthéisme, mais je dis l'athéisme.

Il faut citer immédiatement :

« Non-seulement la substance [1] universelle *n'est* « *pas sans les individus,* mais *elle n'a d'être et de* « *réalité que dans et par les individus.* Prise à part, « elle n'est ni cause ni principe de l'être ; *elle n'est* « *qu'une abstraction de l'esprit.* »

On ne peut pas formuler l'athéisme plus nettement. Cela veut dire : il y a les êtres particuliers et les individus humains, en dehors de quoi il n'y a rien, rien que des abstractions.

C'est l'athéisme.

Ce n'est point là le panthéisme, encore une fois, c'est l'athéisme proprement dit.

Vous expliquez vous-même, au même endroit,

[1] T. III, p. 479.

9.

la différence de cet athéisme et du panthéisme de
Spinosa.

Selon Spinosa « les êtres individuels et contin-
« gents n'ont de la substance que l'apparence.

« Il n'existe qu'une substance simple, immua-
« ble, infinie, universelle, dont les substances
« dites individuelles et contingentes ne sont que
« des déterminations... Conception solide autant
« que hardie, qui explique avec une incomparable
« simplicité les rapports de Dieu au monde. »

En effet, en supprimant le monde, le rapport
de Dieu au monde est très-simple !

Mais, dites-vous, « les graves erreurs de la philo-
« sophie de Spinosa ne dérivent point, quoi qu'on
« en ait dit, du principe de l'unité de substance.
« S'il a méconnu l'individualité et l'activité des
« êtres contingents et en particulier la personna-
« lité de l'homme, si etc...... cela tient à sa mé-
« thode... méthode purement logique qui a faussé
« jusqu'à un certain point l'admirable conception
« de Spinosa, comme elle avait égaré Platon. »
Voici donc la vérité, selon vous : « ce qui *est réel*
« et vivant, *c'est l'universel dans l'individu.....*
« *Non-seulement la substance universelle* N'EST PAS
« *sans les individus, mais* ELLE N'A D'ÊTRE ET DE

« RÉALITÉ QUE DANS ET PAR LES INDIVIDUS. Prise à
« part, elle n'est ni cause, ni principe de l'être,
« *elle n'est qu'une abstraction de l'esprit..* »

Ainsi, vous accordez à Spinosa qu'il n'y a qu'une
substance, et que cette admirable conception, solide autant que hardie, explique avec une admirable simplicité les rapports de Dieu au monde.
Mais Spinosa se trompe, dites-vous, en affirmant
que Dieu est cette substance et que les êtres contingents ne sont pas. Au contraire, *ce qui est réel
et vivant, ce en quoi et par quoi cette substance
existe*, ce qui constitue cette substance universelle,
unique, ce sont les êtres individuels appelés contingents, en dehors desquels il n'y a que des abstractions de l'esprit. Voilà, selon vous, la vérité.

Or, l'athéisme ne peut être mieux formulé ni
mieux expliqué, ni mieux distingué du panthéisme.
Le panthéisme, comme on l'a fort bien exprimé
par une comparaison, consiste à considérer *Dieu
comme un cristal dont nous sommes les facettes.*
Dans la doctrine inverse, qui est l'athéisme, Dieu,
comme s'exprime un athée hégélien, *Dieu n'est
que l'ombre projetée par l'homme sur le ciel.* Entre
les deux formules, vous rejetez la première et vous
adoptez la seconde.

Que si cependant l'athéisme n'est pas visible à tous les yeux dans ce texte, en voici d'autres :

« Quant à la doctrine de l'âme du monde, « elle est vraie dans son principe. L'unité de la « vie universelle… L'unité de principe et de « substance… Voilà dans quel sens la théorie « de l'âme universelle a sa place dans la vraie « science de la nature..[1]

« La raison unit dans une synthèse indissolu- « ble la vie individuelle et la vie universelle. Elle « ne comprend pas plus l'être universel sans les « individus, que les individus sans l'être univer- « sel. En effet, *sans les individus qui le réalisent,* « *l'être universel n'est qu'une abstraction……*»

Citons, sans en passer un mot, la page 261, qui suit et qui explique tout ceci.

Maintenant, hâtons-nous d'en convenir, « si la « théorie de l'âme divine est vraie au fond, elle « n'est pas, dans sa forme, à l'abri de toute cri- « tique. Les alexandrins ne se bornent point à « concevoir le principe de la vie universelle comme « la substance féconde qui engendre et conserve « tous les êtres de la nature ; ils en font, ils sem-

[1] T. III, p. 259.

« blent en faire du moins *une cause individuelle,*
« *personnelle, qui pense et a conscience d'elle-*
« *même.* Si cette personnification n'est pour les
« alexandrins qu'une figure de langage, la cri-
« tique n'a à regretter qu'un abus de mots. *S'ils*
« *ont sérieusement attribué au principe de la vie*
« *universelle, la pensée, la conscience, la person-*
« *nalité, tous les caractères de l'existence indivi-*
« *duelle, l'erreur serait beaucoup plus grave.* La
« raison ne conçoit point l'universel et l'individu
« comme des substances distinctes et séparables ;
« elle les confond dans une seule et même unité.
« L'individu, c'est l'universel en acte et en forme ;
« l'universel, c'est l'individu en puissance et en
« essence. *Pris à part, l'universel n'est qu'une abs-*
« *traction,* et l'individu un mystère inexplicable.
« Quand l'être universel prend une nature déter-
« minée, il cesse d'être universel pour devenir in-
« dividu ; contractant les attributs de l'individua-
« lité, *la vie, la pensée, la personnalité,* il perd les
« attributs de l'universalité, l'infinitude, l'immen-
« sité, l'éternité, l'absolue indépendance. *Prêter à*
« *l'âme universelle la conscience et la personnalité,*
« *c'est l'individualiser,* par conséquent la suppri-
« mer comme être universel. »

Il est bien entendu que je ne discute pas ces déductions; je veux seulement qualifier la doctrine qui vient au bout et qui est l'athéisme, comme on le voit.

Je remarquerai cependant que ces sophismes dénués de sens qu'on dicte au nom de la raison, en répétant sans cesse : « la raison dit, la raison « conçoit, la raison supérieure affirme, etc. » reposent sur la grossière imagination que je vais dire.

Pour la comprendre, il faut savoir d'abord que la sophistique hégélienne confond ces deux choses, *l'infini* et *l'indéterminé*. Cette école en est encore au sens grec du mot *infini*,[1] qui voulait dire *indéterminé*, sens d'après lequel Pythagore classait, d'un côté le fini et le parfait, et de l'autre l'infini et l'imparfait. Ainsi donc, l'infini, dans ce système, c'est l'indéterminé ou l'imparfait. Ici commence l'image.

L'indéterminé, c'est un espace sans circonscription. Mais je ne puis définir une figure géométrique sans circonscription ; je ne puis donc la connaître. Donc l'Être universel lui-même,

---

[1] ἄπειρον.

non circonscrit, ne peut pas non plus se définir,
ni se connaître. Pour se connaître, il faut qu'il se
termine, se détermine, se limite, se circonscrive,
c'est-à-dire qu'il cesse d'être universel pour devenir individu. Alors son rayonnement n'étant
plus infini, indéterminé, mais déterminé, mais
arrêté par la limite, se réfléchit et revient sur lui-
même.

Alors enfin et seulement ce centre peut voir,
par ces rayons qui reviennent, la forme qu'il vient
de prendre. Voilà la réflexion, la personnalité, la
conscience de soi-même, qu'on n'acquiert, comme
on voit, qu'en perdant l'universalité, l'infinitude,
l'immensité.

Comprenez-vous cette géométrie dans l'espace?

C'est sur cette image-là que l'on s'appuie pour
nier Dieu. Et on s'appuie sur cette image, parce
que, laissant de côté la grande idée de l'infini et
les admirables travaux du monde moderne sur ce
trésor de la raison, et les merveilleuses applica-
tions géométriques qui en prouvent la rigueur,
on s'en tient à la définition grecque, d'avant Platon, qui fait de l'infini le synonyme de l'indéterminé et de l'imparfait.

Quoi qu'il en soit, je le répète et le répéterai,

c'est en vous appuyant, Monsieur, sur une telle science et sur une raison ainsi faite, que vous venez nous offrir l'athéisme.

IX.

Mais alors, je vous le demande, pourquoi ne pas l'avouer ? Pourquoi ne pas appeler les choses par leur nom? Pourquoi ne pas nommer l'athéisme ?

Serait-ce de peur d'être écrasé par ce soulèvement public du sens commun que provoque toujours l'athéisme?

Non, Monsieur, en ce qui vous concerne, ce n'est pas cela. C'est de peur d'être repoussé par le soulèvement de votre propre cœur et de votre propre raison. Je crois en être certain, vous avez la volonté ferme de ne pas être athée.

Je ne vois donc ici que l'inexplicable vertige de la sophistique hégélienne, qui, se jouant des lois de la raison et du sens des mots, n'a plus de critérium d'erreur ni de vérité, et n'est plus qu'un esprit de mensonge, sous l'influence duquel la plume et la pensée mentent, sans le savoir.

Oui, l'esprit de l'homme se peut livrer ainsi. Le génie se livre : il se livre à l'esprit de Dieu, et dans sa parole inspirée, il transmet plus de vérités qu'il ne sait. Y a-t-il donc un génie de l'erreur, une inspiration de mensonge, sous laquelle l'homme transmet l'erreur plus qu'il ne sait, et devient prophète de mensonge, comme la sainteté ou le génie deviennent prophètes de vérité?

Il le paraît.

Ce qui est bien certain c'est que voici une doctrine, professée par plus d'un homme d'honneur que rien ne ferait descendre à un mensonge réfléchi, connu de lui, laquelle n'est manifestement que l'athéisme plus un mensonge.

Oui, telle est la doctrine de Hégel, telle est celle que nous trouvons ici.

Je supprime Dieu.

J'appelle Dieu ce qui reste.

Et je dis que je ne suis pas athée.

Voilà le résumé de la doctrine. Et c'est ce que j'appelle l'athéisme, plus un mensonge. Ai-je tort?

Le mensonge consiste à nommer Dieu au moment même où on le supprime.

« L'Être même… dit Hégel, c'est la définition
« métaphysique de Dieu [1]. »

« Mais l'Être en tant qu'être…. n'est que le
« néant [2]. »

« L'Être pur n'est qu'une pure abstraction….
« c'est le néant [3]. »

Ainsi Dieu qui est l'Être, Dieu n'est pas, puisque l'Être n'est pas.

On nomme Dieu en disant qu'il n'est pas, et on dit qu'on n'est pas athée ; là est le mensonge.

Le Dieu bon, qui connaît et qui aime, qui gouverne le monde, son ouvrage, ce Dieu n'est pas, ce n'est qu'une abstraction. Ce que l'humanité nomme Dieu n'est qu'un pur néant. Mais on nomme Dieu tout le reste, et on dit qu'on proclame Dieu. C'est comme si je disais : il n'y a pas de Dieu, mais j'appelle Dieu cet arbre ; je crois à l'existence de cet arbre, donc je crois en Dieu, et ne suis pas athée.

---

[1] Loq., § 85, p. 163. Das Sein selbst, sowie die folgenden Bestimmungen…. können als die metaphysischen Definitionen Gottes angesehen werden.

[2] Loq., § 86, p. 168. Das Sein als solches … das Nichts ist.

[3] Loq., § 87, p. 169. Reine Sein ist nun die reine Abstraction … das Nichts ist.

C'est ce que j'appelle, encore une fois, l'a-
théisme, plus un mensonge.

L'Etre, selon Hégel, ne devient quelque chose
que quand il s'est développé comme nature et
comme esprit humain. « Dieu, dit Hégel, n'est
« Dieu qu'en tant qu'il se connaît; il se connaît
« en tant qu'il a conscience de lui dans l'homme. »

C'est là, malheureusement, la doctrine que
nous avons sous les yeux.

« Prise à part, dites-vous, la substance univer-
« selle n'est qu'une abstraction de l'esprit... elle
« n'a d'être et de réalité que dans et par les indi-
« vidus. » Et à la page 261, vous montrez que
l'Etre universel ne prend *la vie*, *la pensée*, *la
conscience*, *la personnalité*, qu'en cessant d'être
universel.

Selon Hégel, cet esprit universel qui n'est rien
par lui-même, qui est indéterminé, qui est le dernier degré de l'imperfection, qui cependant développe le monde en se développant, cet esprit
ne travaille souvent qu'avec paresse et lenteur; [1]
d'autres fois, cependant, on peut le louer de son

---

[1] So träge und langsam arbeitete der Weltgeist. *Hist. de la Phil.*,
t. III, p. 518, 2ᵉ édit.

aveugle activité et lui dire comme Hamlet à l'ombre de son père : « bien travaillé, taupe vigilante[1] ! »

Faut-il que ces honteux blasphêmes, non sous leur forme grossière, mais dans la plénitude de leur sens, se retrouvent dans votre livre, Monsieur, et que vous ayez pu écrire en parlant des anomalies, des désordres, des monstres, que ce sont : « *les erreurs et les faiblesses* d'une puissance « infinie, mais imparfaite, qui n'atteint pas tou- « jours, qui ne peut même jamais atteindre com- « plétement la perfection fixée par l'intelligence. »[2]

Veuillez peser ce que renferment ces paroles. Non-seulement ce que vous appelez la force productrice du monde, consubstantielle au monde, *a des erreurs et des faiblesses* et elle est *imparfaite*, ce qui est une nouvelle déclaration d'athéisme, mais vous posez une assertion dont vous n'avez peut-être pas compris toute la portée philosophique. Vous effacez l'idée de l'infini en posant l'Être universel comme étant *une puissance infinie mais imparfaite*, vous laissez voir le grand abîme

---

[1] *Ibid.* brav gearbeitet, wackerer Maulwurf.
[2] T. III, p. 340.

métaphysique de votre doctrine, et de celle de
Hégel, savoir : *l'absence de l'idée d'infini.* Vous
effacez de la raison humaine l'idée de l'infini,
c'est-à-dire que vous détruisez la raison. Vous
changez le sens du mot *infini,* comme vous avez
changé le sens du nom de *Dieu ;* comme Hégel,
vous faites l'infini synonyme d'imparfait et d'indéterminé. Selon vous, il n'y a pas d'infini actuel ;
cela doit être puisqu'il n'y a pas de Dieu. Selon
vous il n'y a pas de perfection absolue. Il n'y a
rien d'infini, et l'idée d'infini, qui fait le fond de
la raison humaine, ne répond, selon vous, qu'au
non-être, et n'est qu'une illusion.

Ceci est la destruction même de la philosophie.
Quiconque sait ce qu'est la raison et la philosophie le comprend.

Votre athéisme est donc un athéisme complet,
conséquent et profond qui, comme cela doit être,
puisque l'idée de Dieu est le fond même de la raison, attaque, mutile, et détruit la raison dans son
principe fondamental.

Je suis véritablement attristé en pensant à la
profonde décadence intellectuelle d'une époque
où des esprits sincères et doués des plus nobles
facultés, sont conduits par les ténèbres qui les

entourent, à de tels résultats, y sont encouragés et maintenus ; et où satisfaits de ces résultats et croyant avoir travaillé pour la science et la philosophie, ils s'écrient, non sans courage :

« Le respect pour une grande doctrine ne peut
« faire oublier à la philosophie actuelle ses droits
« et ses devoirs.... La science ne connaît d'autre
« orthodoxie que la vérité... La science n'a rien
« de commun avec la politique, elle n'en connaît
« ni les ménagements, ni les compromis. Que les
« ennemis de la philosophie, se défiant de ses œu-
« vres, s'alarment de ses efforts, eux qui procla-
« ment la raison humaine impuissante et déchue,
« qu'à tout propos ils évoquent le spectre de l'a-
« narchie et la fausse image de l'autorité pour dé-
« courager et abêtir les intelligences, ils sont dans
« leur rôle, et nul ne s'étonnera ni ne s'indignera
« de leur jeu[1]. »

Nous l'avons vu, Monsieur, il ne s'agit ici ni de science ni de philosophie. N'appelons pas philosophie la sophistique, et ne donnons pas à l'erreur le nom de science.

Puis vient une note où vous citez le mot de Pas-

---

[1] T. III, préface.

« cal : Faites de même (comme ceux qui croient)
« naturellement même cela vous fera croire et
« vous abêtira. — Mais c'est ce que je crains. — Et
« pourquoi? Qu'avez-vous à perdre? »

Eh bien! ce livre et cette préface m'ont fait
comprendre le sens du mot de Pascal, que je n'a-
vais jamais compris. Oui, abêtissons-nous comme
Pascal; qu'avons-nous à perdre?

Evidemment nous n'avons rien à perdre, et si
nous y perdions quelque chose, ce serait l'étrange
sophistique où notre esprit s'égare, et notre dé-
plorable et inconcevable ignorance du Christianisme, qui est la vérité.

Dégagés par ces pertes, nous pourrions retrouver le sens droit, et l'usage des nobles facultés que
nous tenons de Dieu, et la jouissance libre et saine
de cette lumière qui éclaire tout homme venant
en ce monde.

Reprenons.

X.

L'athéisme, disons-nous, est aujourd'hui enseigné, publié, dans un livre qui passe pour important et pour savant, qui est écrit, en tout cas, par un esprit élevé, par un homme laborieux, sérieux, convaincu ; par l'homme chargé depuis douze ans de la direction des études de l'École normale, source de l'enseignement public en France ; et ce livre a été couronné par l'Institut. C'est là ce que j'appelais en commençant, un événement plus que littéraire, ou plutôt un symptôme caractéristique, à la vue duquel tout homme sensé comprendra qu'il s'agit aujourd'hui de nous sauver de la barbarie qui approche.

L'Europe, évidemment, retomberait dans la barbarie si elle souffrait que les sophistes, après avoir cherché pendant un siècle à renverser la foi au nom de la raison, travaillassent maintenant aussi pendant un siècle à détruire la raison ; or, c'est ce qu'ils entreprennent sous nos yeux, dogmatiquement et systématiquement, depuis un quart de siècle au moins.

Il y a au centre de l'Europe, en Allemagne, un foyer d'où rayonnent en tous sens et dans tous les ordres d'idées, en religion, en philosophie, en littérature, en science naturelle, en science sociale et politique, un esprit de sophisme plus audacieux et plus absurde que celui des sophistes grecs.

On annonce une logique nouvelle, fondée sur un principe nouveau, celui de l'*identité absolue ;* principe d'où résulte l'identité de Dieu et du monde, de l'esprit et de la matière, de la nécessité et de la liberté, du bien et du mal, du juste et de l'injuste, du vrai et du faux, de l'être et du néant ; en un mot, l'identité des contraires et des contradictoires. C'est la négation même de la raison. C'est la destruction même du principe essentiel et fondamental sans lequel il n'y a plus ni parole, ni pensée, savoir : l'impossibilité d'affirmer en même temps le Oui et le Non sur le même point.

Les sophistes eux-mêmes le sentent bien et n'en disconviennent pas. Ils attaquent formellement ceux qui, après avoir repoussé la foi, prétendent s'en tenir à la raison, et ils les nomment, comme

10.

nous, *rationalistes ;* et ils frappent sur ce qu'ils appellent, « le soi-disant juste milieu rationa-
« liste. »

« Le rationalisme et le christianisme, dit l'un
« de ces sophistes, ont un seul et même prin-
« cipe. »

« Le rationaliste, dans sa théorie, croit en Dieu,
« comme s'il était un fidèle orthodoxe; il fris-
« sonne à la seule idée d'athéisme. »

« Le rationalisme est aussi bien convaincu
« de l'immortalité que le christianisme pur
« sang [1]...... »

Et non-seulement les enfants perdus du système, mais le maître lui-même, Hégel, est forcé d'exprimer et d'avouer incessamment sa guerre à la raison. Sait-on comment? Le voici: Ce sophiste distingue deux sens du mot raison, qu'il exprime en allemand par deux mots [2]. Il y a pour lui deux raisons dont l'une est la raison telle qu'elle nous est donnée, et l'autre la raison telle que nous la faisons. L'une est la *raison vulgaire,* commune, le bon sens, le sens commun. L'autre est la *raison*

---

[1] Ewerbeck. — *Qu'est-ce que la Religion, d'après la nouvelle philosophie allemande?* p. 583.

[2] Verstand. et Vernunft.

supérieure, philosophique, telle que Hégel lui-même la développe. L'une est cette *raison vulgaire*, cette *saine raison*, comme il la nomme ironiquement, qui affirme simplement que *l'être est*, que le *néant n'est pas*; que le *tout est plus grand que la partie*, qu'on ne peut pas affirmer en *même temps le pour et le contre*, que le *fini* et l'*infini*, Dieu et le monde, le libre et le nécessaire, le bien et le mal ne sont pas identiques. L'autre est cette *raison philosophique* et *supérieure*, qui, s'élevant au-dessus de ces différences « *ne voit dans* « *ces contradictions* que *la vérité même par la-* « *quelle les deux termes sont à la fois posés et dé-* « *truits*[1]. » C'est le texte du maître. Or, savez-vous quel rôle joue, dans le système, la *raison vulgaire* qui selon nous, selon le genre humain, et selon tous les philosophes, est tout simplement la raison ! Cette raison, dis-je, qu'on me passe le mot, est comme le *paillasse* du système. Tout son rôle est d'être perpétuellement humiliée, subordonnée, persiflée par la *raison supérieure*, qui seule est philosophe, et soufflette l'autre pour montrer sa supériorité. Voilà comment le sophiste traite la raison.

---

[1] Œuvres de Hégel, t. I, p. 274.

Cela est donc parfaitement sérieux. On attaque aujourd'hui la raison, la raison même, ce que nous appelons la raison, ce qui est et sera toujours la raison.

Je ne sais si l'on comprend bien ce qu'il y a de formidable dans ce phénomène vraiment nouveau. Comprend-on bien que nous avons ici les signes d'une décadence, d'une décomposition intellectuelle, qui n'a pas d'analogue dans l'histoire. Comprend-on que jamais la vérité n'avait été ainsi traitée parmi les hommes ?

Je sais bien que la Vérité incarnée, présente, vivante, a été insultée sur la terre : on l'a bafouée, on lui a craché au visage. Mais alors la Vérité même disait: pardonnez-leur, car ils ne savent ce qu'ils font. La Vérité peut-elle le dire encore de ces nouveaux blasphémateurs ? C'est sa manifestation nécessaire, intime à l'homme, sous forme d'évidence naturelle, qu'on insulte et qu'on veut détruire. Où est la ressource ?

XI.

Les sophistes brisent donc le joug de la raison aussi bien que celui de la foi. Libres alors, et lancés sans frein dans l'absurde et l'immonde, ils parlent ainsi : — Il faut les faire connaître.

« Les anti-chrétiens, les athées, les humanistes « aujourd'hui sont bien maltraités, mais ayons « bon courage, l'athéisme humanitaire n'est plus « dans les camarillas des grands seigneurs riches « et fainéants, comme au xviii° siècle, il est des-« cendu dans le cœur des travailleurs qui sont « pauvres, des travailleurs d'esprit, comme des « travailleurs de bras ; il aura sous peu le gouver-« nement du globe [1]. »

Celui qui parle ainsi est l'un des plus sérieux de la secte, car enfin il ne parle que de l'athéisme humanitaire ; pour lui, comme il le dit ailleurs, *l'humanité est Dieu ;* et il va jusqu'à dire que l'a-thée humanitaire ne « fera plus de sacrifices niais

[1] *Qu'est-ce que la Religion ?* p. 586.

« et fantastiques, mais ne refusera jamais les sa-
« crifices qui sont vraiment humanitaires [1]. »

Voilà donc encore une religion et des sacrifices,
s'écrient de plus avancés que celui-ci.

« Vous dites que c'est le genre humain qui est
« Dieu, lui crie-t-on, ne parlez plus du genre hu-
« main. L'individu avec ses appétits et ses pas-
« sions, voilà le Dieu véritable : Chacun est Dieu,
« et Dieu pour soi : *homo sibi Deus* [2]. »

« Meure le peuple, s'écrie ailleurs le même
« apôtre de l'égoïsme absolu, meure le peuple,
« meure l'Allemagne, meurent toutes les nations
« européennes, et que, débarrassé de tous ses
« liens, délivré des derniers fantômes de la reli-
« gion, l'homme recouvre enfin sa pleine indé-
« pendance [3]. »

Il est bien vrai qu'à ce degré les sophistes trouvent encore en France peu d'accueil.

« La France se perd par la religion, dit l'un
« d'eux : les Voltairiens eux-mêmes sont encore
« catholiques. En théorie, ils disent qu'ils ne peu-

---

[1] *Qu'est-ce que la Religion?* p. 586.

[2] Stirner réfutant Feuerbach. *Revue des Deux-Mondes*, 15
avril 1850, p. 285.

[3] Stirner. *Ibid.*, p. 288.

« vent s'expliquer le monde que par un être divin,
« par un être infini et incompréhensible ; dans la
« pratique, tous leurs discours et leurs pensées
« sont pleins de dévouement, de sacrifice, de ma-
« gnanimité, expressions modernes qui reprodui-
« sent l'ancien ascétisme [1]. »

« Les feuilletonistes français, dit un autre, qui
« prétendent attaquer les moines, ne voient pas
« qu'ils font cause commune avec eux, puisqu'ils
« admettent, comme eux, l'article fondamental,
« la notion de conscience morale, et la distinction
« du bien et du mal. Le plus célèbre d'entre
« eux [2], n'est lui-même qu'un poëte jésuitique.
« Les seuls opposants véritables à l'imposture re-
« ligieuse, c'est nous et nos doctrines purement
« et radicalement négatives. »

Tout le mal vient, dit l'un des plus violents de
la secte, d'une cause unique : « *La foi en un Dieu*
« *personnel et vivant* est l'origine et la cause fon-
« damentale de notre misérable état social [3]. »

« Agissons donc, dit ailleurs le même, faisons

---

[1] Arnold Ruge cité par Willm. T. IV, p. 626.

[2] C'est Eugène Sue que l'on désigne ici.

[3] Guillaume Marr, nommé en 1848 représentant du peuple à Hambourg, à une très-forte majorité.

« la guerre à toutes les idées dominantes de reli-
« gion, d'Etat, de société, de patrie et de patrio-
« tisme. L'idée de Dieu est la clef de voûte de la
« civilisation vermoulue. Détruisons-la.... Le
« vrai chemin de la liberté, de l'égalité et du bon-
« heur, c'est l'athéisme. Point de salut sur la terre
« tant que l'homme tiendra au ciel par un fil....
« Que rien n'entrave désormais la spontanéité de
« l'esprit humain. Apprenons à l'homme qu'il n'y
« a pas d'autre Dieu que lui-même, qu'il est l'al-
« pha et l'oméga de toutes choses, l'être supérieur
« et la réalité la plus réelle [1]. »

« L'œuvre de la nouvelle philosophie avait à
« peine lui, dit-il ailleurs; personne ne s'était
« encore avisé de se vouer à l'émancipation totale
« de l'homme, à la dissolution raisonnée de tous
« les liens, de toutes les entraves extérieures et in-
« térieures [2]. »

Et lui-même explique ce qu'il entend par ces
entraves qui arrêtent l'émancipation : «Oh ! puissé-
« je voir de grands vices [3], des crimes sanglants,

---

[1] Hennequin. *Études sur l'anarchie contemporaine*, p. 19.

[2] *Ibid.*, p. 104.

[3] *Ibid.*, p. 53 (et). *Feuilles du temps présent pour la vie sociale* (en allemand). Lausanne, 1844-45, n° 2, p. 5.

« colossaux, pourvu que je ne voie plus cette vertu
« qui m'ennuie et cette morale de tous les jours. »

Il est bien clair, Monsieur, que ces ignominies
vous inspirent tout autant de mépris et de dégoût
qu'elles m'en inspirent. Vous n'admettez aucune
des criminelles et honteuses conséquences de la
secte ; seulement vous allez être forcé de convenir
que vous posez précisément les mêmes principes
métaphysiques que posent ces malheureux. Vous
enseignez comme Feuerbach, que *c'est l'humanité
qui est Dieu;* et vous vous exprimez comme Guil-
laume Marr lui-même, quand il dit : « Appre-
« nons à l'homme qu'il n'y a pas d'autre Dieu
« que lui-même, qu'il est l'alpha et l'oméga de
« toutes choses, l'être supérieur et *la réalité la
« plus réelle.* » Ne dites-vous pas précisément
comme lui : « ce qui *est réel* et *vivant* c'est la
« pensée *dans le moi,* c'est en un mot l'universel
« *dans l'individu.*.Non-seulement la substance uni-
« verselle (Dieu) *n'est pas* sans les individus, mais
« elle n'a *d'être et de réalité que dans et par les in-
« dividus.* Prise à part elle n'est ni cause ni principe
« de l'Être, elle n'est qu'*une abstraction* de l'esprit[1]. »

---

[1] T. III, p. 479.

Il n'y a donc, selon vous comme selon Guil-laume Marr, *pas d'autre Dieu que l'homme même,* puisque Dieu, pris à part et en dehors de l'homme, n'est qu'une abstraction de l'esprit, et qu'*il n'a d'être et de réalité que dans et par les individus.* La doctrine est la même, et exprimée presque dans les mêmes termes.

Quand ce sophiste soutient que la cause de tout le mal c'est la foi en un Dieu personnel et vivant, vous affirmez, vous, Monsieur, que cette foi est une grave erreur, car, dites-vous, « ce prin-« cipe.... n'est plus qu'une abstraction inintelli-« gible dès qu'on essaie de se le représenter comme « un être à part, *ayant sa vie propre* [1].» Et, en par-lant des philosophes alexandrins, vous ajoutez : « S'ils ont sérieusement attribué au principe de « la vie universelle (Dieu) *la pensée, la conscience,* « *la personnalité...* l'erreur serait beaucoup plus « grave [2]; » Donc, selon vous, la foi en un Dieu personnel et vivant, *ayant sa vie propre, la pen-sée, la conscience, la personnalité, est une erreur des plus graves, une inintelligible abstraction.*

Donc, Monsieur, il n'y a pas ici à disputer, vous

[1] T. III, p. 274. — [2] T. III, p. 262.

avez identiquement la même doctrine métaphysique sur Dieu que les disciples les plus insensés et les plus dégradés de la sophistique hégélienne.

J'insiste. Ce que vous combattez c'est bien *la foi en un Dieu personnel et vivant.* Vous ne le nierez pas. Ce que vous enseignez c'est l'athéisme. Vous le nierez. Car vous ne voulez pas être athée, et vous n'acceptez pas ce mot. Vous dites que vous maintenez Dieu. Moi je dis qu'*une substance universelle qui n'est pas sans les individus, qui n'a d'être et de réalité que dans et par les individus* n'est pas Dieu. Je dis qu'une *puissance imparfaite qui a des erreurs, et des faiblesses,* n'est pas Dieu ; je dis qu'*un principe qui n'a ni pensée, ni conscience* n'est pas Dieu, et que par conséquent la doctrine qui définit Dieu de cette sorte c'est l'athéisme.

Prétendra-t-on que, pourvu qu'on affirme Dieu, on le peut définir comme on veut?

Soutiendrez-vous, par exemple, que celui qui, comme Hégel, affirme que Dieu, pris en lui-même, c'est le néant, n'est pas athée? *Dieu est ce qui n'est pas;* voilà bien une définition de Dieu qui nie Dieu, et qui est le propre énoncé de l'athéisme. Mais celui qui disait *Dieu c'est l'électricité,* celui-là était-il athée, oui ou non? Il l'était, certes. On est athée, évidemment, toutes les fois qu'on supprime quelques-uns des caractères essentiels de Dieu, sans lesquels Dieu n'est pas Dieu.

Donc, quand on ôte à Dieu la *perfection, la pensée, la conscience, l'existence propre*, indépendante du monde, on est athée, qu'on le veuille ou non.

Donc l'athéisme, tel que l'enseigne la sophistique allemande, s'enseigne parmi nous.

Donc les sophistes ont pris position parmi nous, et qui sait dans combien d'esprits égarés, couve sourdement cette sophistique.

C'est là ce que j'appelle la barbarie qui approche.

XII.

Avant de passer à la conclusion générale de cet écrit, je conclus ici ma critique.

Vous avez essayé, Monsieur, de soutenir que le Christianisme *s'est développé et formé à Alexan-*

drie sous l'influence de la philosophie grecque;
que *les Pères alexandrins ont développé le dogme
en le fécondant par la pensée grecque*[1]; *que les
Pères qui viennent après eux le fixent à l'aide
des formules de cette philosophie*[2]; Qu'Alexandrie enfin *est le berceau du dogme de la Trinité*[3],
c'est-à-dire de tout le dogme chrétien.

Nous avons montré, par les textes, sans réplique possible, je crois, que vous n'avez pu soutenir cette thèse désespérée que par un tissu d'erreurs qu'on ne pouvait prévoir, et qui dépassent de beaucoup la mesure ordinaire de l'erreur.

Nous avons retrouvé le Symbole de Nicée et celui d'Athanase dans les textes du Nouveau-Testament et dans ceux des plus anciens Pères, et nous avons montré le dogme, entièrement constitué avant la naissance du Néoplatonisme.

Ce travail, d'ailleurs, était fait depuis longtemps, notamment par Bullus, et il ne devrait plus être permis de reproduire cet incroyable paradoxe.

Vous avez voulu l'essayer. Vous devez comprendre maintenant que pour y réussir il aurait

[1] T. I, p. 296. — [2] Ibid. — [3] T. I, p. 299.

fallu supprimer le Nouveau - Testament et les écrits de tous les Pères.

Vous devez comprendre, par conséquent, qu'il n'est pas permis de continuer plus longtemps à traiter ainsi la recherche de la vérité, la question du salut du monde.

Quant à nous Chrétiens, nous avons pu juger, une fois de plus, par cet exemple insigne, quelle est la science qu'on nous oppose, et combien peu la foi des simples doit s'alarmer de ces formidables attaques d'érudition, qui se présentent comme accablantes, et qui, dès qu'on les regarde en face, s'évanouissent dans leur fausseté et dans leur nullité.

De plus, nous voyons où conduit d'ordinaire la volonté déterminée d'arracher de l'histoire tout élément divin, et de ne reconnaître aucune lumière surnaturelle, aucune intervention de la sagesse de Dieu dans la sagesse humaine. Ce préjugé, qui est l'irréligion, quand on y tient, mène à forcer l'histoire. Nous l'avons vu. Et, chose étrange, ou plutôt admirable, il mène à nier la raison.

Nous vous avons suivi dans ce cercle étrange des négations extrêmes, et nous vous avons entendu nier Dieu, puisqu'un principe *sans pensée* ni *conscience*, aveugle et *imparfait* n'est pas Dieu. Mais en même temps, comme cela était juste, vous avez dû nier les lois de la raison, Dieu ne pouvant pas être nié, si d'abord on ne foule aux pieds la raison.

Vous niez l'infini actuel puisque vous soutenez que l'infini ne devient actuel qu'en devenant individuel et fini. Pour vous il n'y a pas d'être infini, parfait, existant par lui-même. Or, nier l'infini, c'est certainement mutiler la raison. C'est en supprimer la plus grande et la meilleure partie. Le grand résultat d'Aristote, pour qui Dieu est l'actualité pure de la pensée absolue, vous le niez. Le grand résultat de Platon pour qui Dieu est *celui qui est absolument*, celui qui a la *vie*, l'*intelligence*, la *bonté*, la *sagesse*, vous le niez. La grande méthode platonicienne qui s'élève des êtres finis à l'infini, à l'Être *qui est absolument*, et qui renferme toutes les perfections, vous la renversez à ce point qu'au lieu de l'employer à monter de l'être fini à l'Être qui est infiniment, vous vous en servez pour descendre du fini à ce qui n'est pas, du monde à un principe aveugle et indéterminé qui n'est pas par lui-même et n'est qu'une abstraction. Ceci, qu'on y fasse attention, c'est l'un des deux procédés essentiels de la raison que vous retournez, l'appliquant à rebours, relativement au sens commun, et relativement au génie de tous les philosophes du premier ordre sans exception. Quant à l'autre procédé de la raison, le raisonnement continu, par voie d'identité, le syllogisme, vous en détruisez le principe, qui est en même temps le principe de la proposition, la règle de l'affirmation ou de la négation. Ce principe qu'Aristote appelle : « Le principe certain par excellence, celui au sujet duquel « toute erreur est impossible » et qu'il formule ainsi : « Il ne se peut que le même attribut appartienne et n'appartienne pas au même sujet, « dans le même temps et sous le même rapport ; » ce principe qu'on appelle dans l'école *principium exclusi tertii*, qu'on a aussi nommé *le principe de contradiction* et qui, traduit en langue vulgaire, signifie simplement qu'on ne peut affirmer en même temps le pour et le contre, ce qui est le dernier degré de l'évidence, — ce principe vous le rejetez. Vous le rejetez, d'abord en théorie, puisque vous admettez que la théorie de Hégel est la vraie solution du problème de la connaissance, et que la théorie de Hégel consiste justement à poser l'identité des contradictoires , *l'identité*, comme il le dit lui-même, *de l'identique et du non identique*. Ensuite vous le rejetez en pratique, puisque dans les mêmes pages vous acceptez comme également vraies les assertions les plus irrévocablement contradictoires. Enfin, pour qu'il soit impossible de douter de ce fait incroyable qui paraîtrait une exagération ridicule, vous donnez des exemples qui ne laissent rien à désirer. Vous soutenez en même temps comme *vérités incontestables*[1] ces deux propositions : « 1º Le monde a « un commencement quant au temps, et il est « limité quant à l'espace. 2º Le monde est infini « quant au temps et quant à l'espace. » C'est-à-dire qu'en effet, étant donné un même sujet, *le monde* et le même attribut, *limité*[2], vous soutenez que, sous le même rapport, sous le rapport de *l'espace* et du *temps*, ce même attribut *limité* appartient et n'appartient pas au sujet de votre double proposition *le monde*. Vous ajoutez, conformément à la théorie de Hégel, qu'en général

[1] T. III, p. 504.

[2] Il est assez clair que dans la seconde proposition *infini* équivaut à *non limité*.

11.

les antinomies de ce genre sont simultanément vraies[1]. Donc, comme je l'ai avancé, vous rejetez en théorie et en pratique ce qu'Aristote regarde comme le principe évident par excellence, sans lequel on ne peut ni parler ni raisonner, et ce qui, indépendamment d'Aristote, comme chacun le voit par lui-même, est évidemment le principe nécessaire de la pensée, de la parole, de la proposition, du raisonnement.

Ainsi donc de toutes les manières, et par tous les côtés, vous détruisez et niez la raison. Vous niez tous ses résultats et tous ses procédés.

C'est là, je pense, un assez formidable exemple de ce que j'ai appelé la nouvelle et formidable situation intellectuelle du temps présent?

Je n'insiste pas.

Et maintenant, Monsieur, croyez-moi, ce n'est pas sans douleur que je déroule ici tout cet ensemble, que je vous le présente en face, que je le découvre au public. Je n'ai jamais été de ceux qui aiment à frapper un autre homme comme un ennemi. Je ne connais pas ce plaisir et j'ai été, pendant que j'écrivais ces pages, toujours beaucoup plus

---

[1] T. III, p. 507.

près des larmes que de la colère. Si le mot *frère* n'était pas aujourd'hui affadi par l'abus, je vous dirais que depuis longues années, par suite d'une habitude plus facile à prendre qu'on ne pense, je regarde chaque homme comme un frère, né du même sang que moi, et de plus, comme un frère à venir, un frère possible, en Jésus-Christ. J'ai donc la vraie douleur de voir un frère, à côté duquel je travaille depuis cinq ans, user et consumer au service de l'erreur ses nobles facultés. J'ai la douleur de voir ses fausses mais ardentes convictions s'exalter, et prétendre à la propagation. Dès lors le devoir parle : je me présente en face et je l'arrête, non par l'insulte, non par la colère ou l'amertume, mais par ma douleur, et par la vérité. La vérité, quoi qu'on en dise, est ce qui blesse le moins. Ce qui blesse, c'est le mépris et l'ironie. Or, s'il se rencontre dans cette lettre un seul mot qui porte trace ou d'ironie ou de mépris, je l'efface, et je vous en adresse d'avance des excuses publiques.

XIII.

Il faut maintenant à tout ceci une conclusion plus générale.

Il y a vingt-cinq ans, Joubert, jugeant son siècle, parlait de « l'ignorance qui s'approche [1]. » Nous pouvons aujourd'hui parler de la barbarie qui s'approche.

Ce qu'on rapporte des sophistes grecs nous paraissait autrefois fabuleux. Nous avons aujourd'hui sous les yeux des sophistes qui adoptent tous leurs principes, et vont plus loin. C'est une secte qui détruit formellement, en théorie et en pratique, les lois de la raison, et altère la valeur des mots. Les sophistes allemands et leurs disciples, nous l'avons prouvé, — et c'est un fait aussi certain que prodigieux, constaté de tous ceux qui ont connu des hégéliens, — ces sophistes, outre qu'ils violent les lois de la raison, et suppriment la double barrière de l'évidence et de

[1] Joubert. Pensées, t. I, p. 407.

l'absurde, introduisent un langage nouveau, inconnu de l'humanité. C'est réellement une langue nouvelle non pas quant à la forme, mais quant au fond; nouvelle relativement au sens universel des mots dans toutes les langues que parlent les hommes. Ce sont des criminels de la pensée qui violent les lois de la pensée comme d'autres les lois sociales, qui altèrent la valeur des mots comme d'autres celle des monnaies. C'est la plus grande et la plus dangereuse perversité intellectuelle dont l'histoire fasse mention. Ce n'est pas seulement un système, c'est un esprit. C'est une ivresse de la raison qui cesse d'aimer la vérité, qui perd toute orientation, comme disait Kant, qui passe avec la plus étrange facilité du pour au contre, du vrai au faux, des ténèbres à la lumière, qui cesse d'en sentir le contraste, qui en accepte l'identité comme celle des deux faces d'un même tout, qui est ivre en un mot; qui tourne et qui croit que la vérité tourne. Oui, je dis que quiconque lit Hégel le voit tourner, et l'entend affirmer que la vérité tourne. C'est le délire pratique, réel, d'un orgueil souverain et sans frein ; qui, égalant la pensée humaine à la pensée divine, et la pensée de chaque homme à la pensée du genre humain croit sa pro-

pre pensée divine, absolue, créatrice; créatrice des
réalités, et maîtresse de l'histoire. Nous leur entendons dire que leur pensée produit la vérité, qu'elle
produit la réalité, et que quand la nature n'est pas
conforme à leur pensée, c'est la nature qui se trouve
en défaut. Oui, cela est ainsi, c'est le texte et l'esprit
du système; qui connaît ces sophistes le sait.

Est-ce là, oui ou non, la barbarie intellectuelle?

Et cette barbarie qui ravage l'Allemagne, ne
nous a-t-elle encore entamés en rien?

Et d'abord l'ouvrage qui nous occupe est une
tentative d'invasion. Ce livre qui ose dire de cette
barbarie sophistique : « a-t-elle définitivement ré-
« solu le problème de la vérité? » et qui répond
nettement : « *cette doctrine de la connaissance*
« *nous semble la vraie solution du problème de la*
« *vérité,* [1] » ce livre, d'ailleurs, est pénétré de l'esprit du système. C'est cet esprit qui seul explique les deux prodigieux phénomènes qu'on y
rencontre : d'abord, l'histoire foulée aux pieds
comme une esclave, par le pouvoir absolu de l'i-
dée ; les faits traités comme s'ils n'étaient pas, ou
créés quand ils ne sont pas ; et ensuite la contra-

____

[1] T. III; p. 485.

diction érigée en méthode, et pratiquée par un perpétuel tournoiement de la pensée du pour au contre, sur chaque point.

Mais est-ce là la première atteinte portée, parmi nous, à la raison, à ses lois, à l'évidence, au sens commun, au sens des mots? Outre le livre de Proudhon, qu'est-ce que cette sourde infiltration de panthéisme, de fatalisme, dont on apercevait les traces, avec surprise, dans la philosophie et dans l'histoire, dans la littérature et dans la science? Qu'est-ce que ce goût du monstrueux, du faux, de l'inintelligible dans la littérature et dans les arts? Qu'est-ce que ces écoles littéraires qui prenaient ou qui pouvaient prendre pour devise : *Le beau c'est le laid?* Qu'est-ce que cette école historique dont le chef s'écriait : « Moquons-nous « de l'histoire : c'est nous qui la créons? » Qu'est-ce que cette manifeste altération du sens des mots, du sens commun, du sens moral, du sens de l'évidence et de l'absurde, dont se plaignent tous ceux qui conservent l'intégrité de la raison? Qu'est-ce que cette audace de tout dire et cette patience de tout écouter, audace, patience, que ni nos pères du xviiie siècle, ni nos aïeux du xviie, n'eussent tolérées un seul instant? Qu'est-ce que cet affaiblis-

sement manifeste de la raison publique qui souffre toutes ces insultes et supporte tous ces défis?
Qu'est-ce que ce dégoût général du raisonnement
et de la logique dont Joubert dit excellemment:
« Le raisonnement a trompé tout le monde, on s'en
« souvient et l'on s'en défie? » Qu'est-ce que cette
défiance paresseuse, découragée, qui laisse passer
tous les sophismes, et supporte toutes les erreurs
parce qu'elle ne croit plus à l'arme qui les repousse, ni à la force qui peut les vaincre?

Tout ceci est en effet la décadence; c'est la
barbarie intellectuelle qui approche. Il est incontestable que si depuis le xviie siècle, siècle aussi
grand par la raison que par la foi, si, depuis cette
lumineuse époque, la foi s'est affaiblie pendant
un siècle, il est incontestable que depuis soixante
ans au moins, la raison publique s'affaiblit.

Mais que conclure de là?

Dirai-je que la barbarie va l'emporter? je ne le
crois pas. Je ne crois pas que les sophistes mettent
fin au monde moderne, en nous faisant abjurer Dieu
et la raison. Mais peut-on dire pour cela que leur
présence et leurs tentatives d'invasion soient sans
danger? Et quand il n'y aurait d'autre danger que
celui de rester, comme le craignait Châteaubriand,

un siècle ou deux dans l'état où nous sommes, ne serait-ce point un assez redoutable danger?

Car enfin, pouvons-nous rester où nous sommes sans baisser encore? et que serons-nous, si nous baissons encore pendant un siècle, ou seulement pendant vingt ans?

Il n'y a plus de temps à perdre. Il faut nous défendre. Il faut relever la raison publique. Il faut relever la philosophie, les études, les lettres. Il faut ranimer le travail de l'esprit qui a presque cessé, et ramener, par le travail, la lumière, la sagesse et la paix dans l'ordre intellectuel. Il faut relever la raison pour rendre possible la religion. Il faut enfin sérieusement travailler à l'éducation intellectuelle et morale de ce siècle. C'est évidemment la seule voie pour retrouver la paix sociale et politique.

C'est là ce qu'il faut. Le veut-on?

Si on le veut, il faut que ceux qu'on nomme encore, et qui se laissent encore appeler parmi nous Voltairiens, qui croient en Dieu, qui parlent encore, comme on le leur reproche, de sacrifice, de dévouement, de magnanimité, qui entendent maintenir les droits du sens commun et de la raison (et de fait, Voltaire n'a jamais abjuré ni Dieu ni la raison), il faut, dis-je, que tout ce qui n'a pas encore abjuré et perdu parmi nous, la lumière naturelle, cesse toute lutte contre le Catholicisme, qui est le seul point d'appui réel et substantiel du Déisme et de la raison ; et sans lequel on serait ou l'on est déjà débordé par l'athéisme, c'est-à-dire, par l'absurde et par la barbarie.

La foi sauvage de l'athéisme, de l'égoïsme effréné, ne sera réellement vaincue que par la foi solide et sainte des chrétiens.

Êtes-vous bien sûrs, dirai-je à tous ces hommes qui respectent avec nous l'universelle lumière de la raison, qui aiment et veulent la justice et la vérité, êtes-vous bien sûrs que notre foi n'est pas, comme nous le proclamons, la vérité elle-même divinement inspirée de Dieu ? Connaissez-vous le fond de cette lutte apparente entre la foi et la raison, entre la science et la religion ? Ne soupçonnez-vous pas, par l'exemple vraiment lumineux du livre que nous venons d'analyser, que cette raison qui lutte contre la foi pourrait n'être que le sophisme, et que cette science qui bat en brèche la religion, pourrait bien n'être que l'ignorance. Avons-nous beaucoup d'adversaires plus sérieux, plus honorables, plus laborieux, plus distingués, moins passionnés que celui dont il s'agit ici? Que sera-ce donc des adversaires manifestement passionnés et légers? Que sera-ce de ceux qui souvent descendent jusqu'au mensonge? Tout cela joint à la commune inattention et à la commune ignorance, n'explique-t-il pas assez ces doutes, ces obscurités, ces nuages, qui vous cachent l'éclatante lumière de l'Évangile? Ne voulez-vous point nous permettre de travailler à dissiper ces nuages et à détruire ces doutes et ces obscurités? Ne voulez-vous point nous favoriser, du moins de votre bienveillance, dans ce travail? Il est si dur de travailler sous le sarcasme et le mépris, comme ces pauvres Israélites qui pour reconstruire la ville Sainte et rebâtir Jérusalem, avaient à se défendre d'une main avec l'épée pendant qu'ils bâtissaient de l'autre!

Il en est beaucoup, parmi nous, qui cherchent à réparer l'édifice de la science chrétienne, de cette science divine et humaine, qui a produit le point le plus lumineux de l'histoire, notre xviie siècle; le plus grand des siècles littéraires et le plus grand des siècles philosophiques, le siècle unique, qui sera seul appelé Père des sciences. Veut-on favoriser ce travail sacré?

Beaucoup ont dans le cœur, et quelques-uns déjà depuis longtemps, la foi dans *cette admirable reconstruction que Dieu prépare,* disait de Maistre, et qui consistera, en ce que *l'affinité naturelle de la religion et de la science les réunira l'une et l'autre* dans les mêmes esprits. Dieu veuille nous augmenter cette foi.

Malheureusement, nous avons à lutter, non-seulement contre les adversaires passionnés des chrétiens, mais encore contre les esprits calmes et froids, qui se croient sages parce qu'ils tiennent que la science ne peut, ne doit avoir ni cœur ni âme, et que toute alliance théologique, ou même philosophique, est pour la science proprement dite un alliage qui la dénature.

Tous oublient que de cette alliance est sorti le merveilleux enfantement des sciences modernes. Tous oublient que la foi est non - seulement la force et le feu qui donne à l'esprit son mouvement et son élan, mais, de plus, qu'elle est cette lumière générale, principale, dans laquelle on découvre. Tous oublient que l'ensemble de la science d'une époque est toujours soumis à une foi, et ne peut jamais rester neutre. Il y a toujours, au fond de l'encyclopédie d'un siècle, la

question centrale : Dieu ou non. Et la réponse
est toujours un acte de foi, un choix libre pour
ou contre Dieu ; et il n'y a, au fond, que deux
tendances ; la foi universelle, et son contraire, la
négation universelle.

Si donc on veut que la science et la raison du
siècle échappent à la doctrine sauvage de l'a-
théisme et à ses conséquences morales, sociales,
il faut favoriser l'alliance et l'affinité vraie de la
science et de la religion, du Christianisme et de
la philosophie.

Cette science chrétienne, mère de toutes les
lumières modernes, cette science *à la fois divine
et humaine,* comme parlait le xviie siècle[1], travaille aujourd'hui dans les catacombes.

C'est d'elle pourtant que doit sortir la prochaine paix dans les esprits.

Qu'on lui permette d'occuper le sol. C'est là
la ressource.

Mais qu'il est difficile de le faire comprendre !

Qu'il est difficile de percer le préjugé rationaliste, et de montrer que la lumière surnaturelle
doit redescendre dans les esprits !

[1] Ollier.

Qu'on veuille bien cependant, méditer ces belles et profondes paroles de M. Guizot.

« Quelle est, au fond, la grande question qui « préoccupe aujourd'hui les esprits?

« C'est la question posée entre ceux qui re- « connaissent et ceux qui ne reconnaissent pas un « ordre *surnaturel,* certain et souverain.....

« D'un côté, les incrédules, les panthéistes, les « sceptiques de toutes sortes, les purs rationa- « listes; — de l'autre, les chrétiens.

« Parmi les premiers, les meilleurs laissent sub- « sister, dans le monde et dans l'âme humaine, « la statue de Dieu, s'il est permis de se servir « d'une telle expression, mais la statue seule- « ment, une image, un marbre. Dieu lui-même « n'y est plus. Les chrétiens seuls ont le Dieu « vivant.

« Or c'est du Dieu vivant que nous avons be- « soin. Il faut, pour notre salut présent et futur, « que la foi dans l'ordre surnaturel, que le res- « pect et la soumission à l'ordre surnaturel ren- « trent dans le monde et dans l'âme humaine, « dans les grands esprits comme dans les esprits « simples, dans les régions les plus élevées comme « dans les plus humbles. »

Ces paroles renferment la conclusion que nous voulons tirer de tout notre travail sur le livre qui nous a occupés.

C'est qu'en effet, la grande question, aujourd'hui comme toujours, est celle qui est posée entre les chrétiens et ceux qui ne le sont pas.

Il n'y a pas de milieu. D'un côté les chrétiens, et de l'autre, les purs rationalistes, les panthéistes, les sceptiques de toutes sortes.

Les chrétiens sont ensemble et forment un camp. Tous les autres sont ensemble aussi et forment un autre camp : pas de différence essentielle entre les purs rationalistes, les déistes, et les sceptiques, les panthéistes, les sophistes de toute espèce et les athées.

Le juste milieu du déisme n'existe qu'en apparence. Ce juste milieu rationaliste est une formule, un texte abstrait, mais non l'état réel d'un peuple ni d'une âme. Nul ne s'y tient. On monte plus haut, on s'élève à la religion ; ou l'on descend l'échelle des négations jusqu'au néant. Et, en effet, on est déiste de deux manières : ou bien par esprit de retour, d'assentiment à Dieu, par l'élan d'une âme qui remonte, qui tend à la justice et à la vérité ; alors on est déjà chrétien implicitement et on le sera bientôt explicitement. Ou bien l'on est déiste par décadence, par la faiblesse d'une âme qui tombe, qui se détourne et se sépare; alors on est déjà contre Dieu, en principe, et si l'on est logique, l'athéisme explicite s'ensuivra.

De même, il y a deux manières de cultiver la philosophie et la lumière de la raison : ou comme Platon qui attendait et pressentait une lumière plus haute que celle de la raison humaine proprement dite; ou comme les rationalistes modernes qui nient la possibilité de cette lumière. C'est-à-dire qu'on est philosophe ou par l'élan d'une âme qui cherche Dieu, ou par la décadence d'une volonté qui s'en détourne : deux directions contraires improprement appelées l'une et l'autre philosophie, et qu'il est temps enfin de distinguer scientifiquement par deux noms opposés, PHILOSOPHIE et SOPHISTIQUE.

Il est temps de comprendre, comme Leibnitz l'a comprise, cette distinction fondamentale des deux directions de l'esprit, que Platon a posées lui-même, quand il dit que le « philosophe et le so-« phiste poursuivent les deux contraires, l'être et « le néant; et que le philosophe, au terme de sa « contemplation, est ébloui par la lumière de son

« objet, tandis que le sophiste est aveuglé par les
« ténèbres du sien. »

Les uns donc s'appuyent sur la raison de telle
manière, qu'ils s'élèvent au-dessus et la conservent agrandie ; les autres s'appuyent sur la raison
de telle manière, qu'ils tombent au-dessous, la
diminuent, la renversent, la perdent.

Les exemples sont sous nos yeux.

On remonte de la saine raison au Christianisme.
On descend du pur rationalisme au panthéisme,
à l'athéisme, au scepticisme, à la sophistique de
l'absurde et à la destruction de la raison.

C'est-à-dire qu'il n'y a dans la vie intellectuelle
ou morale des individus ou des peuples qu'une
seule question : On s'attache au Dieu vivant ou
bien on s'en détache; question qui revient à celle-
ci : Être ou n'être pas.

Il y a au fond des âmes ou des siècles, un esprit général d'assentiment ou de dissentiment à
Dieu, de défiance ou de foi, qui est ou la vie ou
la mort.

Il faut donc, en effet, pour notre salut présent
et futur, que le respect, la foi, l'esprit d'assentiment au Dieu vivant rentre dans le monde, dans
l'âme et dans l'esprit.

Il faut que la religion, la philosophie, les lettres, les arts, la presse, l'éducation, l'éducation surtout conspirent, s'unissent pour faire rentrer Dieu dans les âmes.

Mais, dira-t-on, que faire si toutes ces choses sont perverties et se tournent contre la religion, qui reste seule de son côté !

Il faut laisser au Christianisme la liberté de les guérir.

L'Église catholique est une ruche; qu'on la laisse travailler :

> Protinùs aerii mellis cœlestia dona
> *Exequetur.*

Qu'on la laisse travailler. Elle saura faire encore descendre le Dieu vivant dans la philosophie, les lettres, les arts, l'éducation, la presse; et cette nouvelle instauration des choses divines dans les choses humaines mettra fin au XVIIIe siècle, qui dure encore, et sera le prochain grand siècle, la prochaine paix dans les esprits.

RÉPLIQUE

A LA

RÉPONSE DE M VACHEROT[1]

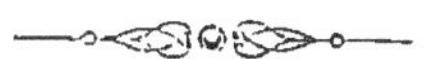

A MONSIEUR LE CURÉ DE....

I.

Paris, 22 août 1851.

Mon cher ami,

Je me décide difficilement à répliquer à M. Vacherot. Répliquer à un adversaire, c'est accorder qu'il a répondu. Or, c'est ce qu'on ne peut pas accorder ici.

La *Lettre de M. Vacherot à l'Univers* n'est qu'un effort désespéré pour paraître avoir répondu. Mais cet effort lui-même, aux yeux de ceux qui connaissent la question, confirme l'accusation sur tous les points. Aucune erreur n'est relevée dans ma critique. Aucun point attaqué dans

---

[1] M. Vacherot a répondu à la lettre que l'on vient de lire par une lettre à l'*Univers,* que l'on trouvera toute entière aux pièces justificatives.

l'ouvrage n'est justifié. C'est plus que je ne pouvais attendre. Aussi cette réponse est, pour moi, une pièce justificative si complète et si forte, que je vais la faire imprimer toute entière pour la joindre à ma Lettre. A le bien prendre, il n'y a pas besoin d'autre Réplique.

Mais, d'un autre côté, les esprits sont tellement inattentifs, et si parfaitement habitués à ne pas juger par eux-mêmes, que plusieurs ont pu prendre la *Lettre à l'Univers* pour une réponse. De ce point de vue, il peut être à propos de répliquer.

En tout cas, je ne regrette point de ne m'y être pas décidé plus tôt. Je vous avoue même que voyant l'erreur s'engager à ce point, j'ai laissé à dessein passer le temps, pour suivre l'expérience jusqu'au bout, et voir ce qu'on dirait à mesure qu'on serait enhardi par mon silence.

Mon temps n'a pas été perdu.

Mais maintenant que l'expérience est faite, dois-je répliquer? Je vous en laisse juge, mon cher ami. Il n'est pas bon d'être son propre juge, surtout en polémique. Je vais donc vous adresser, sur ce sujet, quatre ou cinq Lettres dont voici la première. Vous les ferez imprimer si vous voulez, où vous voudrez, quand vous voudrez, selon que vous le jugerez utile.

J'entre en matière.

Il a paru à quelques personnes que la Réponse de M. Vacherot ne méritait une Réplique que sur un point. C'est par ce point que je commence. Il s'agit de la doctrine de saint Justin sur la création.

M. Vacherot déclare, « après une nouvelle vé-« rification des textes » (*Réponse à l'Univers*, p. 8 et 9), persister dans ses assertions, savoir : que « saint Justin fonde sur les paroles de Moïse *la* « *doctrine d'une matière préexistante* à l'œuvre « de la création. »

J'avais prouvé dans ma Lettre que c'était une erreur, et je concluais ainsi ma critique : « Vous « voyez donc que vous attribuez à saint Justin, « toujours par suite des plus étranges méprises, « sur quelques textes que vous ne lisez pas atten-« tivement, *une opinion contraire à la sienne.* » M. Vacherot cite ces paroles et il ajoute : « Pa-« roles imprudentes que regrettera mon adver-« saire, quand il aura relu saint Justin ! C'est lui-« même et lui seul qui se trompe ici. Il a eu le « malheur de s'en tenir à l'introduction de la Con-« grégation de Saint-Maur, au lieu de chercher

« dans les textes mêmes (p. 22, 23, 29, Cohort.)
« la doctrine de saint Justin. Autrement, comment
« aurait-il fait un contre-sens perpétuel sur des
« pages dont la parfaite clarté ne permet pas le
« moindre écart d'interprétation (p. 9)? »

Vous le dirai-je? en présence d'une assertion
aussi décidée, j'ai cru d'abord moi-même que je
m'étais trompé.

Quand j'ai lu cette Réponse j'étais loin de Paris,
je n'avais pas les textes sous les yeux. Je les avais,
à la vérité, lus et relus ; mais voyant qu'il s'agis-
sait de pages dont la parfaite clarté ne permet pas
le moindre écart d'interprétation, j'ai cru d'a-
bord que je m'étais trompé.

Néanmoins une réflexion bien simple n'a pas
tardé à m'encourager. Que me reprochait-on? de
m'être trompé à la suite des Bénédictins, pour
avoir admis leur opinion sans la vérifier. Donc,
pour que je me fusse trompé, il fallait qu'une congrégation de Bénédictins, donnant une édition
d'un Père de l'Église, et dissertant dans la préface
sur le point même qui nous occupe, eût fait un
contre-sens perpétuel sur des pages dont la parfaite
clarté ne permet pas le moindre écart d'interprétation.

Convenez que ce n'était pas vraisemblable.

Mais enfin je n'avais pu vérifier de nouveau les textes : il me restait un doute. Me voici de retour : aujourd'hui même j'ouvre saint Justin, l'édition citée aux pages indiquées (22, 23, 29), je lis, je relis, je traduis, la plume à la main, tous les passages que l'on m'oppose ; j'y ajoute tous ceux qu'indiquent les Bénédictins, et je trouve que, sans nulle difficulté, l'opinion de saint Justin est celle-ci : « Il n'y a ni matière préexistante, ni âme préexistante, ni dieux secondaires préexistants, ni architypes ou idées préexistantes hors de Dieu, ni être quelconque préexistant à la création, sauf Dieu seul, qui seul est éternel, qui seul n'est pas *devenu*, qui seul n'a pas commencé. » Je trouve, dis-je, que saint Justin développe ces vérités dans des pages dont la parfaite clarté ne permet pas le moindre écart d'interprétation.

La question est de savoir, mon cher ami, si vous consentirez à lire la totalité de ces passages. En tout cas, je vous les mets sous les yeux. Si vous voulez juger en connaissance de cause entre deux hommes, dont l'un, sans doute, est soutenu par une congrégation de Bénédictins, mais enfin, entre deux hommes qui affirment directement le contraire sur des textes qu'ils soutiennent l'un et l'autre être parfaitement clairs, il faut lire ces textes, sans quoi vous ne pouvez vous prononcer. Je vous épargnerai néanmoins les longueurs inutiles : j'abrége un peu certains développements qui ne rentrent pas dans la question ; mais tout ce qui suit est textuel, littéralement traduit. D'ailleurs, je cite le texte grec, sur les points délicats.

Voici d'abord les textes auxquels en appelle M. Vacherot.

Il s'agit de Moïse et de la grande parole : *Je suis celui qui suis.* Saint Justin la cite et poursuit :

« Ces paroles, Platon les a connues en Egypte,
« et il a beaucoup admiré ce nom donné au Dieu
« unique. Sans doute, il n'a pas cru prudent de
« nommer Moïse à Athènes, à cause de sa doctrine
« précise du Dieu unique; mais il a du moins,
« dans le Timée, fait usage de cette doctrine même
« et parlé de Dieu comme Moïse; car, dit Platon,
« *il faut, avant tout, bien distinguer ce qui est,*
« *qui existe toujours, qui n'est jamais devenu, des*
« *choses qui deviennent,* mais ne sont pas. N'est-
« ce pas au fond la même doctrine? Moïse dit:
« *Celui qui est,* et Platon dit : *Ce qui est.* Le
« genre, ici, diffère seul, et manifestement il s'a-

« git ici, des deux côtés, du Dieu éternel qui existe
« toujours. *Car lui seul existe toujours et n'a pas
« été fait* [1]. »

J'interromps pour vous demander si vous voyez
ici la matière préexistante, et si vous n'y voyez pas
que *Dieu seul existe toujours et seul n'a pas été
fait*. Poursuivons :

« Mais quelle est l'autre chose que Platon op-
« pose ici à ce qui est éternel, à ce qui n'est pas
« devenu? Ce sont, selon Platon, ces dieux créés,
« qui, dit-il, sont l'œuvre du Dieu éternel, ces
« dieux *qui sont devenus* et qui périssent. »

Vous le voyez, saint Justin, établissant ici contre les païens le dogme de l'unité de Dieu, montre que, même selon le principe de Platon, il n'y
a qu'un Dieu éternel, et que les autres dieux, dont
Platon parle, ne sont pas éternels, qu'ils sont devenus et qu'ils sont l'œuvre du grand Dieu. Loin
d'admettre une matière préexistante, il n'admet
pas même de dieux secondaires préexistants.

Mais maintenant saint Justin va montrer une
contradiction dans la doctrine de Platon. Il poursuit :

[1] Cohort. ad Græc., n° 22. αὐτὸς γὰρ ἐστι μόνος ὁ ἀεὶ ὤν, γένεσιν δὲ μὴ ἔχων.

« Il est nécessaire de remarquer que Platon
« ne nomme pas Dieu *créateur des dieux*, mais
« seulement *ouvrier des dieux*, ce qui est très-diffé-
« rent, même dans la pensée de Platon. *Le créa-*
« *teur, en effet, n'a besoin que de sa force et de sa*
« *puissance pour produire son œuvre. L'ouvrier*
« *construit son ouvrage avec la matière qui lui est*
« *donnée et ne peut rien sans elle.* »

Remarquez, en passant, que si saint Justin ad-
mettait une matière préexistante, Dieu alors, d'a-
près lui, ne serait plus créateur, mais seulement
ouvrier: erreur grossière, qu'il est absolument impossible d'attribuer à saint Justin. Mais suivez.

« Cependant ceux qui ne peuvent abandon-
« ner l'opinion de la pluralité des dieux m'ob-
« jecteront que Platon dit à ces dieux créés : Puis-
« que vous êtes devenus, vous n'êtes pas immor-
« tels par nature. Cependant vous ne serez pas la
« proie de la mort; ma volonté sera pour vous
« un lien plus fort et plus puissant qui vous y
« soustraira. Platon, qui, par crainte du poly-
« théisme, fait parler ainsi son ouvrier des dieux,
« le met en contradiction avec lui-même. »

« Il vient, en effet, de lui faire dire que tout ce
« qui est devenu est corruptible; maintenant il

« lui fait dire le contraire.... il accorde à son ou-
« vrier une puissance impossible. Ces dieux, qui
« sont nécessairement corruptibles comme étant
« faits de matière, il les déclare incorruptibles par
« le bienfait du Dieu souverain. Mais ne voit-on
« pas que *la matière qui*, SELON LA PENSÉE DE PLA-
« TON, *n'est pas devenue, qui est égale et coéter-
« nelle à son ouvrier, a, dès lors, le pouvoir de lui
« résister;* [1] car celui qui n'est pas créateur n'est
« pas maître de ce qu'il n'a pas créé : il ne peut
« faire violence à la matière, qui demeure indé-
« pendante de lui. »

Est-ce clair? Voilà les pages dans lesquelles
M. Vacherot voit, après nouvelle vérification,
que saint Justin admet l'opinion d'une matière
préexistante. Saint Justin attribue cette opinion à
Platon, lui démontre qu'il en résulterait pour la
matière l'égalité à Dieu, la coéternité, l'indépendance à l'égard de Dieu. M. Vacherot comprend
que saint Justin admet tout cela, quoiqu'il ait dit
plus haut : *Dieu seul existe toujours, et seul n'a
pas été fait.*

---

[1] Cohort, n° 23, τὴν γὰρ τῆς ὕλης δύναμιν, ἀγέννητον, καὶ ἰσόχρονον
καὶ ἡλικιῶτιν, κατὰ τὴν αὐτοῦ δόξαν, τοῦ δημιουργοῦ οὖσαν, ἀντιστατεῖν
εἰκὸς τῇ αὐτοῦ βουλήσει.

Mais on oppose une autre page que voici :

« Platon, outre Dieu et la matière, admet en-
« core un troisième principe, la forme, l'*Idée*
« (εἶδος); ce sont les paroles de Moïse qui ont
« donné lieu à cette assertion; mais Platon ne
« savait pas que les paroles de Moïse ne peuvent
« se comprendre que dans le secret de la plus
« haute contemplation. Platon a lu dans Moïse
« les mots de *paradigme*, de *figure* et de *type*.
« Il a lu ces mots, mais ne les ayant pas compris
« dans leur profondeur, il a cru qu'aux choses
« sensibles préexistaient des *idées séparées* qu'il
« nomme souvent les exemplaires des choses qui
« sont devenues. »

Ce texte établit-il l'existence d'une matière
préexistante? Il n'en est pas question. Son sens
a-t-il besoin de commentaire? Saint Justin y soutient que rien ne préexistait à la création, pas
même des idées distinctes de Dieu. Saint Justin
attribue ici à Platon la doctrine des idées éter-
nelles, distinctes de Dieu. C'est une doctrine que
beaucoup de bons esprits attribuent encore aujourd'hui à Platon, et qui est absolument fausse.
Saint Justin a donc raison de la combattre. M. Vacherot l'en blâme : « Critique singulière, dit-il,

« et qui, pour le dire en passant, ne laisse pas une
« haute idée ni de l'érudition ni même de l'intel-
« ligence philosophique de saint Justin. » Ce qui
prouve seulement qu'en condamnant ici saint Justin on ne le comprend pas du tout.

Saint Justin poursuit :

« Platon se trompe de même au sujet de
« l'origine du ciel, de la terre, de l'homme.
« Il leur suppose des idées préexistantes (dis-
« tinctes de Dieu); parce que Moïse a dit : *Au*
« *commencement Dieu créa le ciel et la terre,* et
« qu'il a ajouté : *Or la terre était invisible et in-*
« *composée, Platon a cru que ces dernières paroles*
« DÉSIGNAIENT UNE TERRE PRÉEXISTANTE (προϋπάρ-
« χουσαν γῆν) et que les premières seulement dési-
« gnaient la création par Dieu de la terre sensible
« et visible, formée d'après un exemplaire préexis-
« tant. Il se trompe de même pour le ciel et pour
« l'homme. »

Est-ce ici que saint Justin enseigne la doctrine
d'une matière préexistante? il ne veut pas même
d'une terre invisible, idéale, préexistante hors de
Dieu.

Or, j'ai épuisé tous les textes que M. Vacherot
cite à l'appui de son opinion.

Voilà les textes où il faut voir la doctrine d'une matière préexistante; et parce que je ne l'y vois point, on m'accuse d'avoir commis, à la suite des Bénédictins, « un contre-sens perpé- « tuel sur des pages dont la parfaite clarté ne « permet pas le moindre écart d'interprétation. » Jugez.

Mais voici un autre passage de saint Justin qu'on ne cite pas, et que citent les Bénédictins :

« Ces philosophes ne savent rien de tout cela : « ils ne savent ce qu'est l'âme [1].

— « Je l'admets.

— « On ne peut la dire *immortelle* par elle-même, « car alors elle serait incréée.

— « Les platoniciens admettent en effet qu'elle « est immortelle et incréée.

— « Mais vous, *croyez-vous que le monde est* « *incréé* (ἀγέννητον)?

— « Il y en a qui le disent; *mais je ne l'ad-* « *mets pas.*

— « *Et vous avez raison. Est-il raisonnable de* « *penser que le corps qui change, qui naît et périt* « *chaque jour, n'a pas une cause qui l'a produit?*

[1] Dialog. n° 5.

« *Que si ce monde est créé, il en est de même des*
« *âmes.*

— « Cela est juste.

— « Les âmes ne sont donc pas immortelles
« par elles-mêmes?

— *Non, puisque nous posons que le monde lui-*
« *même a commencé.*

— « Je ne dis pas pour cela que les âmes péri-
« ront: Celles des bons seront récompensées, celles
« des méchants punies. Au reste tout *ce qui existe,*
« *excepté Dieu, tout ce qui existera, excepté Dieu*
« *tout* par nature, est corruptible, tout pour-
« rait être anéanti. Car *Dieu seul n'est pas devenu;*
« seul n'est pas corruptible, et c'est pour cela
« qu'il est Dieu. *Tous les autres êtres, hors Dieu,*
« *sont devenus,* sont corruptibles! ' Si les âmes
« étaient incréées elles ne pécheraient pas, elles
« ne seraient pas ignorantes, lâches, cruelles..…..
« Elles ne pourraient être contraintes si elles
« étaient incréées... *Car l'incréé est égal à l'in-*
« *créé, il lui est identique en pouvoir, en dignité ;*

' Ὅσα γάρ ἐστι μετὰ τὸν Θεὸν ἢ ἔσται ποτὲ, ταῦτα φύσιν φθαρτὴν ἔχειν,
καὶ οἴάτε ἐξαφανισθῆναι καὶ μὴ εἶναι ἔτι. Μόνος γὰρ ἀγέννητος καὶ ἄφθαρτος
ὁ Θεός, καὶ διὰ τοῦτο Θεός ἐστι. Τὰ δὲ λοιπὰ πάνυα μετά τοῦτον γεννητά καὶ
φθαρτά. Dialog. ad Tryph. n° 6.

« *c'est pour cela qu'il n'y a pas plusieurs incréés*[1]?
« Car supposez quelque différence entre les deux,
« et cherchez, par la pensée, quel peut être le fon-
« dement de cette différence, vous pourriez aller
« ainsi à l'infini, et *vous serez forcé de vous arrêter*
« *à un incréé unique qui sera la cause de tout le*
« *reste*[2].

Je pense qu'après cela, les plus aveugles voient
que saint Justin n'admet pas la doctrine *d'une*
matière éternelle préexistante à l'œuvre de la créa-
tion. Ceci est donc hors de question.

Reste à expliquer la phrase où M. Vacherot
voit clairement cette doctrine, et qu'il traduit
ainsi : « Que l'univers entier ait été engendré par
« la parole de Dieu d'éléments préexistants et dé-
« signés ci-dessus par Moïse, c'est ce que Platon
« et nous-même avons appris, et vous pouvez y
« ajouter foi[3]. » C'est cette phrase qui donne
lieu à une courte explication dans la préface des
Bénédictins.

---

[1] Τὸ γὰρ ἀγέννητον τῷ ἀγεννήτῳ ὅμοιόν ἐστι καὶ ἴσον καὶ ταὐτὸν, καὶ οὔτε δυνάμει οὔτε τιμῇ προκριθείη ἂν θατέρου τὸ ἕτερον. Ὅθεν οὐδὲ πολλά ἐστι τὰ ἀγέννητα. Dialog. ad Tryph. n° 6.

[2] Ἐπὶ ἑνὸς ποτὲ στήσῃ ἀγεννήτου καμών, καὶ τοῦτο φήσεις ἁπάντων αἴτιον. *Ibid.*

[3] Apolog. I, n° 59.

Cette explication est fort simple : c'est celle que j'ai trouvée moi-même à la première lecture de ce passage, et que tout théologien trouvera immédiatement.

Saint Justin, disent les Bénédictins, distingue, comme saint Augustin, la création proprement dité de la *disposition* du monde. Selon saint Augustin, ces mots : *Dieu créa le ciel et la terre,* veulent dire que Dieu créa la substance ou la semence du ciel et de la terre, *semen cœli et terræ,* dit saint Augustin ; puis il en fit le développement ; ce qui répond au mot de Moïse : *Creavit ut faceret.* Dans la phrase citée, saint Justin ne parle que de cette seconde phase de la naissance du monde, et dit que sur ce point, Platon est d'accord avec Moïse. C'est ce que j'ai dit moi-même maintes fois dans mes conférences religieuses, tout en sachant très-bien que Platon croyait à la matière préexistante, et que Moïse n'y croyait pas.

Bossuet comprenait Moïse comme saint Justin et comme saint Augustin, lorsqu'il disait : « Dieu, « après avoir créé, par un seul acte de sa volonté, « la substance et comme le fond du monde, en « a fait l'ornement et la disposition par sa parole

« en six différents progrès qu'il lui a plu d'ap-
« peler *jours.* »

C'est la seule manière philosophique d'inter-
préter Moïse, et de tenir compte de tous les
textes de l'Écriture sainte, notamment de celui-
ci : « *Qui vivit in æternum creavit omnia simul.* »
C'est-à-dire que le fonds, la substance, la semence
du monde a été créée par un seul acte simple de
celui qui est éternel, et que la disposition ou le
développement en a été fait, par lui, successivement.

Saint Justin, sachant cela, accorde Platon et
Moïse sur le point où ils s'accordent en effet,
savoir, le développement du monde à partir d'une
semence déjà créée, et réfute Platon très-ample-
ment, comme nous l'avons vu, sur le point où
Platon diffère de Moïse, savoir, sur l'opinion
d'une matière qui préexisterait, non pas seulement à la disposition, mais encore à la création
du monde, et qui dès lors serait *coéternelle à
Dieu, égale à Dieu, indépendante de Dieu;* ce
qui est absurde, selon saint Justin.

Maintenant, mon cher ami, que pensez-vous
de la liberté intellectuelle d'un esprit qui, averti
par ma critique, par les textes que j'ai cités, par

l'incomparable autorité des Bénédictins, relit les textes que vous venez de voir, et maintient dans une discussion publique que saint Justin enseigne, comme Platon, la doctrine d'une matière préexistante à la création, soutient que ces textes sont d'une parfaite clarté, qu'ils ne permettent pas le moindre écart d'interprétation, et que les Bénédictins ont fait sur ces textes si clairs un contre-sens perpétuel? Après quoi, les journaux et les professeurs de grec, qui appuient cette cause, déclarent que, « les textes en main, » j'ai été réduit au silence.

Voilà, mon cher ami, le point le plus fort de la réponse qui m'est faite, le seul qui paraît demander une réplique.

Après cela, vous comprendrez pourquoi je tiens à ce que ma Lettre ne circule plus à l'avenir sans la Réponse de M. Vacherot. Si je fais réimprimer ma Lettre, je ferai certainement imprimer à la suite la Réponse de M. Vacherot tout entière. C'est une pièce justificative capitale, décisive, comme vous voyez.

Mais, comme j'ai à vous dire, sur le reste, des choses qui vous intéresseront, je vais employer quelques jours de mes vacances à vous les écrire.

Vous comprenez qu'il ne s'agit pas du tout ici de poursuivre une querelle : il n'y a pas lieu ; il s'agit d'une étude.

Je me suis beaucoup occupé, l'année dernière, de l'étude de la Sophistique. Je cherchais le caractère précis et scientifique de ce phénomène morbide de l'esprit humain. Or, je trouve, dans l'ouvrage que j'ai réfuté, et dans la réponse qui m'est faite, une occasion des plus précieuses de poursuivre utilement mon travail. Vous allez le comprendre. Je connais personnellement l'auteur de ces deux écrits, et je suis sûr de sa sincérité. Dès lors, ce qu'il dit, il le pense. J'ai donc, dans ses écrits, une doctrine réelle, telle qu'elle existe intérieurement dans un esprit d'homme. Que pourrais-je faire d'un sophiste qui mentirait sciemment? Rien du tout. Ce ne serait plus une doctrine à étudier : ce serait une chose nulle, non avenue, une pure chimère, dont l'étude ou la réfutation n'aurait ni intérêt ni sens.

Il n'en est pas ainsi dans le cas présent.

L'auteur que j'étudie se rattache en conscience, par sa pensée réelle, ses procédés et ses doctrines, à la grande tradition sophistique qui, depuis l'origine, neutralise les progrès de la philosophie ; il

se rattache à cette secte éternelle de l'erreur, qu'il
s'agit, enfin, de discerner et de bien séparer scientifiquement de la philosophie proprement dite,
laquelle ne sera salutaire et féconde que quand
elle sera dégagée de ce venin.

Une seule chose m'est pénible ici : c'est d'étudier ainsi, en public, la pensée d'un homme vivant, dont je donne le nom, et dont je persiste à
honorer le caractère personnel. Vous savez si j'en
parle autrement en secret, avec vous, avec tous
mes amis, et si, par là, j'ai contribué à maintenir
sa personne comme honorable, même aux yeux
de ses adversaires. Mais comme écrivain, j'ai dû
l'attaquer de toutes mes forces, et je le tiens pour
coupable.

On est coupable, en effet, de s'enfoncer si
profondément dans l'erreur et de consacrer sa
vie et ses forces au service du Sophisme, qui
est le mal de la pensée humaine, qui trouble le
monde dans toutes ses voies. Il faut qu'on s'habitue à ne plus parler légèrement des crimes de la
pensée, puisque ces crimes corrompent la terre et
ruinent la civilisation, la liberté, la société, la religion, la science, la vie humaine entière. Il faut
qu'on s'habitue à les dénoncer hardiment à la rai-

son publique, qu'ils finiraient par pervertir, si elle les tolérait.

Tout ceci bien posé, je poursuis cette étude, sans ménager l'écrivain, que j'entends mettre à jour tout entier.

II.

Paris, 24 août 1851.

Mon cher ami,

Je poursuis donc tranquillement avec vous, pour mon instruction et la vôtre, cette étude de la Sophistique, à propos du fait particulier dont nous nous occupons.

Je n'ai plus que quelques points de détail à éclaircir avant d'entrer dans l'ensemble de la discussion.

1° On me conteste l'authenticité d'une virgule dans ce texte de saint Paul : « Je voudrais « être anathème pour mes frères les Israélites.... « desquels est sorti le Christ selon la chair, *étant*

« (ὁ ὤν) par-dessus tout le Dieu béni dans tous les
« siècles. » Pour ne pas voir ici la divinité de Jésus-Christ il faut détruire la phrase, il faut mettre
un point au lieu d'une virgule entre les mots *la
chair* et *étant*. Il s'est trouvé un éditeur allemand
pour mettre ce point. Alors la phrase est détruite,
et la seconde moitié s'en va de son côté sans verbe.
C'est égal. Peu importe que cette phrase ait un
verbe ou n'en ait pas ; ce qui importe, c'est que
ce témoignage de la divinité de Jésus-Christ soit
effacé.

Néanmoins, cette mutilation est si énorme, que
tous les autres éditeurs allemands, Griesbach,
Knapp, Scholz et Hahn, malgré leur témérité en
fait d'Écriture sainte, ont cru devoir maintenir la
virgule. Cette chicane est donc comme non avenue, si ce n'est qu'elle nous offre un exemple utile
de la manière dont on mutile les textes, afin d'en
altérer le témoignage.

2° On me reproche un contresens dans la
traduction de ces mots de saint Paul : « *Qui
« cùm in formâ Dei esset.* » J'ai traduit : « Qui
« étant formellement Dieu. » Cette traduction, je
le savais, est de moi seul ; mais je l'ai écrite avec
réflexion, et je la crois bonne. Néanmoins, dès

qu'on la conteste, je la retire, et je la remplace
par le texte grec ou latin. Cela empêche-t-il que,
dans cette phrase, saint Paul ne donne le Christ
comme Dieu, égal à Dieu (*æqualem Deo*)? Cette
égalité à Dieu n'est-elle pas, aux yeux de mon
adversaire, tout ce que l'on peut dire de plus fort
en faveur de la divinité de Jésus-Christ?

Je renvoie sur ce point à ma lettre : la tentative de discussion ici n'est pas sérieuse. Les textes
sont surabondants. D'ailleurs, pour être bien
certain que saint Paul a enseigné la divinité de
Jésus-Christ, il suffit de ce fait que, dès les premiers temps, les Manichéens, ainsi que Porphyre
et Julien, ont soutenu que c'était saint Paul qui
avait divinisé Jésus-Christ, et lui en ont fait un
reproche. Ces textes d'un côté, ce fait de l'autre,
terminent nécessairement la discussion.

3° On soutient qu'il n'y a pas de contradictions
dans la page 230. Pour toute réponse je cite cette
page entière à la fin du volume.

4° On cite un texte de Tertullien très-fort
contre l'égalité du Fils au Père. Mais comme j'en
ai cité quatre tout aussi forts qui établissent
l'égalité du Fils au Père, j'ai encore l'avantage,
et cela ne peut empêcher que je n'aie en effet

reconstruit le symbole de Nicée avec des textes de Tertullien. C'est tout ce que je prétendais.

Quant à rendre raison de tous les textes de Tertullien, je ne m'y engage pas, parce que Tertullien a fini par l'hérésie, et que, comme le remarque Bullus, on ignore ce qu'il a écrit avant ou après sa chute. Bullus, du reste, accepte le passage qu'on oppose ici à la doctrine de l'égalité du Père et du Fils : et il l'explique de manière à renfermer toute la doctrine de Tertullien dans cette formule, qui est celle de saint Athanase un peu développée : *Æqualis Patris secundum divinitatem, minor Patre secundum humanitatem et secundum creationis* οἰκονομιαν. Mais comme ceci donne lieu, dans le savant auteur, à une longue et profonde discussion théologique, je me borne à y renvoyer le lecteur. *Defensio Fidei Nicœnœ*, sect. 2, p. 95, et sect. 4, p. 271. (*Opera omnia. Londini,* 1703.)

Pour tous les autres points de détail je renvoie à ma lettre. Qui comparera la réponse à ma critique, aura toutes les pièces du procès, et jugera si l'on m'a répondu.

Sortons maintenant du détail et venons à l'ensemble.

Vous allez voir combien on a été imprudent de

m'adresser une pareille réponse. Je suis en effet forcé d'être ici très-sévère, et de justifier ma sévérité.

J'affirme que cette réponse se réduit à ceci :

Il y avait dans ma critique trois points :

1° Le livre de M. Vacherot soutient, ce qui n'est pas soutenable, que le Christianisme s'est formé peu à peu sous l'influence de la philosophie grecque.

Dans la réponse l'auteur abandonne et renie sa thèse.

2° Ce livre pose en philosophie les principes le plus manifestement sophistiques.

La réponse ne traite pas ce point.

3° Ce livre enseigne l'athéisme.

A cela point de réponse, pas de discussion, mais une simple protestation.

On ne m'a donc pas répondu.

C'est ce que vous allez voir dans le détail, et si je ne me trompe, vous comprendrez à fond, par cette curieuse discussion, ce que c'est que la *Sophistique*.

Et d'abord, j'ai accusé l'auteur de l'*histoire critique* de soutenir cette thèse, « que [1] les dogmes

---

[1] Page 7 de ma Lettre.

« chrétiens fondamentaux se sont formés peu à
« peu sous l'influence de la philosophie grecque,
« et surtout de l'école néoplatonicienne d'Alexan-
« drie. » L'auteur soutient cette thèse dans tout
son livre ; il y consacre trois cents pages.

Je lui démontre que c'est une thèse désespérée :
je cite textuellement les étonnantes erreurs qu'il
accumule pour la soutenir. Savez-vous ce qu'il
me répond ? Il me répond qu'il n'a pas dit cela :
« Mon livre n'en dit pas un mot[1], » puis il passe
à un autre sujet.

C'est audacieux : mais ce n'est pas heureux.

Je montrerai tout à l'heure sur quel procédé
général repose cette manière de se soustraire à la
démonstration, quand on n'a rien à y répondre,
et qu'elle écrase.

En attendant, voici les textes de l'auteur où il
formule sa thèse : on me dispensera de citer les
trois cents pages où il la démontre.

« Le Christianisme et la philosophie Alexan-
« drine sont au fond deux doctrines issues d'un
« même principe..... Ce sont deux émanations

---

[1] Page 4 de la Réponse.

« différentes de cet esprit universel dont Alexan-
« drie est le grand foyer [1]. »

Ainsi le Christianisme vient d'Alexandrie [2], et
a le même principe que la philosophie Alexandrine.

« C'est d'Alexandrie que sort cet esprit nouveau
« (Christianisme et Néoplatonisme) qui devait
« rayonner sur tout l'ancien monde [3]. »

« Il y eut à Alexandrie un mélange [4]. C'est le
« Platonisme qui devient *le verbe d'alliance* entre
« la Grèce et l'Orient [5]. »

Après avoir montré que le dogme de la Trinité
et de la Divinité de Jésus-Christ se forment sous l'influence de la philosophie grecque, l'auteur ajoute :
« Le développement de la théologie chrétienne
« sous l'influence des idées grecques ne s'arrête
« pas à Origène [6]...... Les Pères Alexandrins
« avaient développé ce dogme *en le fécondant* par
« la pensée grecque : les Pères qui viennent après
« eux le fixent à l'aide des formules de cette phi-
« losophie [7]. »

« La nouvelle doctrine naît à Jérusalem et se
« développe et se forme à Alexandrie *sous l'in-*

[1] II. p. 92. — [2] I. p. 180. — [3] I. p. 104. — [4] I. p. 109. — [5] I. p. 109.
— [6] I. p. 295. — [7] I. p. 296.

« *fluence de la philosophie grecque* [1]..... » Cette
philosophie « qui exerça une si puissante in-
« fluence sur le développement ultérieur de la
« théologie chrétienne et *sur la formation du*
« *dogme de la Trinité qui le résume* [2].

« Le berceau du dogme de la Trinité est une
« ville grecque [3]. »

Non-seulement « la philosophie grecque prête à
« la tradition ses distinctions, ses démonstrations,
« son langage et elle sert au Christianisme d'in-
« strument et d'organe pour le développement et
« la détermination de ses idées, » *mais encore*
« *elle lui devient une source féconde d'inspira-*
« *tions* [4]. »

Ce n'est pas tout, vous n'avez pas vu le plus
surprenant.

A la page 101 du premier volume, M. Vacherot,
après avoir montré comment l'esprit oriental et
l'esprit grec viennent se fondre à Alexandrie,
ajoute : « Combien fut féconde cette alliance des
« deux plus grands types de l'esprit humain, c'est
« ce qu'on ne saurait trop admirer quand on songe
« qu'elle a donné à la science la philosophie de

[1] I. p. 296.—[2] I. p. 299.—[3] I. *Ibid.* —[4] I. p. 300 et 301.

« Plotin et de Proclus, à la littérature l'éloquence
« des Pères de l'Église, AU MONDE LE CHRISTIA-
« NISME[1]. »

Que pensez-vous du Christianisme donné au
monde par la fusion des doctrines opérées à
Alexandrie, sous l'influence du Platonisme qui en
fut le *Verbe d'alliance* !

Mais si l'auteur a dit tout cela, en quoi lui ai-je
fait tort, et comment peut-il me reprocher de lui
prêter une thèse qui n'est pas la sienne quand je
formule ainsi sa pensée : « Les dogmes chrétiens
« fondamentaux, notamment le dogme de la Tri-
« nité, se sont développés peu à peu sous l'in-
« fluence de la philosophie grecque et surtout du
« Néoplatonisme. »

En parlant ainsi je transcris ses propres paroles, que vous avez sous les yeux, et je prends les
plus mesurées. Je ne prends point cette proposition délirante : Le Néoplatonisme, ou, pour pré-
ciser, le Platonisme renaissant à Alexandrie *donne
au monde le Christianisme* : non, je prends textuellement sa proposition sur l'influence de la philosophie grecque : j'énonce sa thèse avec ses pro-

[1] I. p. 106.

pres termes, répétés plus de quarante fois dans son livre.

Je pourrais remplir six pages des énoncés de cette thèse, telle que je la formule. De plus, chacun peut voir, dans le livre, les trois cents pages qui la développent. Quiconque a lu l'ouvrage sait que cette thèse en est l'esprit et le but principal.

Cette thèse donc, je la cite, je la réfute d'une manière qui ne laisse aucune prise à la réponse.

Que me répond l'auteur?

Il me répond que *son livre ne dit pas un mot de tout cela*, et il passe outre!

Ne dirait-on pas un accusé qui, livré à la justice pour un crime impardonnable, qu'il a commis manifestement, prend le parti d'opposer au fait la pure et simple dénégation, et se renferme, en désespoir de cause, dans son silence?

On qualifiera durement cette dénégation. Mais moi je vais l'expliquer à l'avantage du caractère personnel de l'auteur.

Voici comment.

D'abord je ne crois pas que l'auteur, par une simple restriction mentale, ait joué sur les mots, quand il s'exprime ainsi : « On commence par me

« faire dire que la doctrine chrétienne, est une
« sorte de PLAGIAT du Néoplatonisme [1]. »

Quelques-uns supposeront que l'auteur a joué
sur le mot *plagiat* et qu'il s'en tire en soutenant
qu'il n'a pas dit *plagiat*. Mais à quoi servirait ce
jeu de mots, puisque moi, son critique, je ne l'accuse point de cela? J'ai formulé sa thèse avec les
termes textuels de son livre; le mot *plagiat* ne se
trouve pas une fois dans les deux cents pages de
ma critique. Ce n'est donc pas cela.

Je n'admets pas non plus que l'auteur ait joué
sur le mot *Néoplatonisme*, en n'entendant pas,
comme tout le monde, par *Néoplatonisme*, la fusion de doctrines opérée à Alexandrie sous l'influence du Platonisme, mais réservant ce nom à
autre chose, et soutenant alors que le Christianisme
proprement dit ne vient pas du Néoplatonisme,
quoiqu'il vienne du Platonisme renaissant à
Alexandrie. Ce ne peut être là non plus le sens
de cette dénégation.

Je vais donner, je crois, la véritable explication.

Voici d'abord les faits.

[1] Page 1 de la Réponse.

L'auteur oppose à tous ces textes un texte de son troisième volume, page 7, que voici : « Il suffit « de bien connaître le Christianisme et le Néopla- « tonisme, leurs antécédents, leurs traditions, « leurs instincts divers, leur lutte, pour ne pren- « dre au sérieux ni l'opinion qui rattache le Chri- « stianisme au Néoplatonisme, etc... »

Je demande d'abord si quelqu'un peut concilier ceci avec les textes que je viens de citer ?

D'un côté, le « *Christianisme et le Néoplato- nisme sont au fond deux doctrines issues d'un même principe, deux émanations différentes de cet esprit universel dont Alexandrie est le grand foyer.....* Et, d'un autre côté, *le Christianisme et le Néoplatonisme ne se rattachent pas l'un à l'autre.* »

D'un côté, « *la fusion de l'orientalisme et du platonisme, renaissant à Alexandrie,* DONNE AU MONDE LE CHRISTIANISME, et d'un autre côté le *Christianisme et le Néoplatonisme ne se rattachent pas l'un à l'autre.* »

Ces deux doctrines sont fondues dans le même creuset, au même moment, des mêmes éléments, sous l'influence du platonisme *qui en est le verbe d'alliance,* cependant *elles ne se rattachent pas l'une à l'autre.*

Voici bien une contradiction directe, absolue, irréparable.

Eh bien ! ce système des contradictions directes, absolues, est précisément, comme je l'ai amplement démontré dans ma lettre, la méthode théorique et pratique de l'auteur, comme c'est la méthode hégélienne, qui prend pour formule générale de la vérité ces mots textuels : *Identité de l'identique et du non identique ;* méthode que l'auteur déclare être « la vraie solution du problème « de la vérité. »

Telle est l'explication de l'incroyable dénégation que nous venons de voir. Ce n'est point un mensonge commis personnellement, comme il le semble, et comme quelques journaux l'ont dit en attaquant M. Vacherot. C'est une doctrine qui est ainsi faite. C'est la Sophistique, doctrine de mensonge assurément, mais dont l'homme personnellement sincère et honorable, dont j'attaque les écrits, porte malheureusement, dans son esprit ou du moins dans ses livres, toutes les perversités intellectuelles, à son insu.

C'est ici que l'étude de la Sophistique prend un

intérêt saisissant, et devient, pour moi du moins, l'objet d'une triste et solennelle contemplation.

Oui, mon cher ami, ceci devait mûrir en notre siècle, et, du reste, je ne m'en plains pas. On devait voir, parmi nous, les sophistes en venir à systématiser le mensonge scientifiquement ; appeler le oui, *thèse ;* le non, *antithèse,* et l'identité du oui et du non, *synthèse.*

Dès lors, étant donnée la doctrine de l'identité du oui et du non, ce qui est la propre doctrine du mensonge, en même temps que la propre doctrine de l'absurde, on s'en sert selon les besoins de l'enseignement et de la lutte, selon qu'on parle aux ennemis ou aux amis, en public ou en secret. Vous frappez sur la thèse ! voici l'antithèse; qu'avez-vous à dire?

C'est en vertu de cette doctrine double, qu'en Allemagne, des athées bien caractérisés ont soutenu qu'ils étaient chrétiens et ont continué à annoncer, à titre de pasteurs, *la parole de Dieu* dans les églises. Et ce qui est formidable, c'est que plusieurs ont été de bonne foi. Que faut-il pour mentir de bonne foi? une seule chose : admettre le principe de Hégel : *Ce qui est n'est pas, ce qui n'est pas est.* Si l'on croit ceci vrai, il est clair que l'on ment en croyant dire vrai.

Mais j'avoue que tout ceci est tellement violent, tellement extraordinaire, qu'on n'y peut croire quand on n'a pas l'œil sur les textes. J'ai donné ces textes dans ma lettre; j'en donnerai beaucoup d'autres en temps et lieu. Il faut que ce point devienne clair, car c'est le point critique de l'histoire de la pensée humaine au xixe siècle.

Permettez-moi d'entrer un instant avec vous dans ces profondeurs de l'absurde et du vertige intellectuel.

Fénelon a vu poindre tout ceci et a nommé par son nom « cette secte de menteurs et non de phi- « losophes. »

Quand les sophistes ont attaqué le Christianisme, au nom de la raison et du déisme, leur chef mentait sciemment. Il disait en secret : *Écrasons l'infâme;* puis, en public, il allait communier et disait : « Vous le voyez, je suis chrétien. » Quand maintenant ils attaquent le déisme pour l'athéisme, ils mentent encore et disent : « Je crois « en Dieu. » Les uns, en cela, mentent sciemment, les autres mentent à leur insu, en vertu de la doctrine même qui est le mensonge systématisé,

La doctrine ici ment toute seule : l'individu n'a rien à faire, il n'a qu'à conserver la foi au principe, l'identité du Oui et du Non, de la thèse et de l'antithèse.

Il fallait tout ce préambule, mon cher ami, pour expliquer comment, sans mentir sciemment, un auteur peut, après avoir consacré trois cents pages à soutenir une thèse, nier le fait et dire : *Je n'ai pas dit un mot de cela.*

L'explication de cette dénégation, qui, du dehors, a toutes les formes du mensonge le mieux caractérisé, est donc celle-ci : L'auteur adhère à la doctrine de Hégel, il admet réellement, dans tous les cas et sur toutes les questions, l'existence d'une thèse et d'une antithèse qui s'identifient dans la synthèse, je l'ai prouvé dans ma lettre; il a réellement pris l'habitude intellectuelle de ce procédé; il se retourne quand il le faut, sans nulle difficulté, de la thèse à l'antithèse ; il présente l'une quand on frappe sur l'autre et croit, en se tournant ainsi, rester ferme sur son pivot, qui est l'identité de la thèse et de l'antithèse, qui est la synthèse, qui est la vérité, d'après Hégel et d'après lui.

Que si on ne comprend pas, malgré cela, comment, ayant consacré un volume, soit à développer, soit à énoncer cette thèse dans les propres termes où je la formule et la réfute, l'auteur peut en venir à affirmer *qu'il n'a pas dit un mot de cela*, je l'explique encore, et je crois être certain de ce qui s'est passé dans son esprit en écrivant cette dénégation ; sa pensée a dû être celle-ci : « Je sais « très-bien que j'ai dit, comme thèse, tout ce « qu'on m'accuse d'avoir dit ; mais, en égard à « l'antithèse, que j'avais en vue, et qu'oublient « toujours les hommes de l'ancienne logique, qui « croient encore aux contradictions absolues, je « n'ai rien dit de tout cela dans le sens où l'on « m'accuse de l'avoir dit. Donc, j'ai le droit de le « nier. »

Quiconque a pratiqué des hégéliens, et j'ai eu cet avantage, saura si j'ai trouvé juste.

J'ai besoin de vous répéter que tout ceci est très-sérieux, et je vais vous expliquer l'origine de cette perversité de la pensée en quelques mots très-résumés, dont je vous donnerai un jour le développement.

Il y a des esprits qui adorent, il y en a qui n'adorent pas. Ceux qui adorent regardent Dieu, le Bien, la Lumière, comme étant l'Être souverain et infini, devant lequel les êtres bornés s'inclinent; ils sentent et voient la souveraineté infinie de Dieu. Ceux qui n'adorent pas, ne regardent pas Dieu, le Bien, la Lumière, comme l'Être plus grand qu'eux-mêmes et absolument au-dessus d'eux; ils admettent, au contraire, l'égalité, l'identité de Dieu et de leur esprit, de Dieu et du monde. Pour eux, Dieu n'est pas infini, mais fini; il est égal, identique aux êtres bornés. C'est le premier degré de la chute, c'est le panthéisme, qui, au fond, n'a pas l'idée de l'infini, quoiqu'il paraisse n'avoir qu'elle seule. D'autres esprits vont plus bas, et font Dieu nul : c'est l'athéisme proprement dit. Voilà les trois degrés, qui sont : l'adoration, Dieu infini; le panthéisme, Dieu identique au fini ; l'athéisme, Dieu nul. Dans les deux derniers cas, c'est-à-dire pour l'esprit qui n'adore pas, il n'y a qu'une seule substance, un seul être : le fini, qui est ce monde que nous voyons et que nous sommes, le panthéisme et l'athéisme ne différant que comme les deux côtés d'une médaille. Le panthéisme dit : Il n'y a d'autre monde que Dieu ; l'athéisme : Il n'y a d'autre Dieu que le monde. Mais, en tout cas, il n'y a qu'une substance.

Vous comprenez qu'il en est ainsi pour tout esprit qui n'adore pas. Pour cet esprit, il n'y a rien au-dessus de nous, nous, nature et humanité ; il n'y a que ce que nous voyons et sommes.

Mais, ô merveilleuse puissance de la raison ! savez-vous à quoi la raison force nécessairement un tel esprit ? Elle le force à entrer dans les conséquences que voici :

Si Dieu et le monde sont consubstantiels, tout ce qui est fini dans le monde n'en est pas moins identique à l'infini. Il faut donc admettre l'identité du fini et de l'infini ; puis, plus généralement, s'il n'y a qu'une substance, il est impossible qu'il y ait des contradictions absolues.

Contradiction suppose dualité. Or, il y a unité absolue, consubstantialité universelle ; donc il n'y a pas de contradiction absolue ; donc la vie et la mort sont identiques aussi bien que l'immortalité et l'anéantissement, aussi bien que le fini et l'infini, le bien et le mal, la liberté et la nécessité, le vrai et le faux, l'être et le néant. De fait, toutes ces conséquences sont réellement et textuellement enseignées par les sophistes contemporains. Mais, remarquez-le bien, si leur principe est vrai, ils ont raison sur tous ces points.

En effet, les panthéistes ou les athées raisonnent

ici à l'égard du Dieu-monde ou du monde-Dieu comme les théologiens catholiques raisonnent à l'égard de Dieu. En Dieu, qui est simple, disons-nous, on ne peut admettre aucune distinction réelle entre les attributs; en Dieu simple, tous les attributs sont identiques entre eux et à l'essence. De même, les panthéistes et les athées, admettant qu'il n'y a qu'une substance, dont tous les êtres sont des modes, des attributs, doivent conclure que tous ces attributs (c'est-à-dire tout ce qui existe) sont identiques entre eux et à l'essence commune. Or, si tout est absolument identique dans la réalité, il en doit être de même en logique, car la logique est le calque de la réalité; donc, il n'y a pas en logique de contradictions absolues. La thèse et l'antithèse, le pour et le contre, le oui et le non ne seront jamais contradictoires qu'en apparence, et au fond seront identiques. Voilà la doctrine hégélienne de l'*identité absolue*.

On ne remarquera jamais assez cette filiation de l'erreur, et comment l'absence d'adoration explique tout, panthéisme, athéisme et doctrine de l'*identité absolue*; puis, comment cette doctrine est, en toute rigueur et en toute précision, l'absurde devenu système, et le mensonge scientifiquement organisé.

C'est là la Sophistique contemporaine.

Cette peste de l'esprit humain remplit l'Allemagne ; nous verrons si elle se répandra en France.

III.

Paris, 26 août 1851.

Mon cher ami,

Tout ce qui précède est peu de chose en comparaison de ce qui suit. S'il n'y avait eu dans l'*Ouvrage* ou dans la *Réponse* que ce qui vient d'être dit, je n'aurais certainement ni répliqué ni attaqué.

Une seule chose m'a ému : c'est lorsque j'ai vu l'athéisme formellement enseigné, en face de moi, au nom de la philosophie et de la science, par un homme convaincu. J'ai déclaré à l'instant même que ceci ne passerait pas, et j'en ai aussitôt prévenu, en personne, l'auteur du crime intellectuel.

Il n'y avait rien à répliquer à mon acte d'accusation ; ceux qui ont pris la peine de le lire, le savent. Il n'y avait, dis-je, rien à répliquer : on n'a rien répliqué. On se borne à dire que j'ai calomnié. Voilà sur ce point toute la réponse.

Or, c'est ce qui ne passera pas non plus.

Ce n'est pas que je sois irrité de ce mot. J'ai moi-même employé une expression fort dure en qualifiant la doctrine que j'attaque. Je l'appelais et je l'appelle l'ATHÉISME PLUS UN MENSONGE.

A la vérité, j'ai bien posé toutes mes réserves : j'entends parler du mensonge *philosophique*, et non pas du mensonge *pratique*, réfléchi, dont l'auteur du livre attaqué est très-certainement incapable. En m'accusant de calomnie, on ne pose pas les mêmes réserves : je veux croire qu'on les sous-entend, et je passe outre.

Je me bornerai donc à demander à tout lecteur des remarques suivantes si la doctrine que j'ai stigmatisée est ou n'est pas *l'athéisme plus un mensonge*.

L'athéisme, dis-je, est surtout manifeste dans

l'Ouvrage même ; et le mensonge est surtout manifeste dans la Réponse.

Faites attention. Vous avez ici sous les yeux l'exemple le plus tristement surprenant de la manière dont les sophistes se retournent quand ils se sentent frappés, et passent en un instant du *oui* au *non*, et de la *thèse* à l'*antithèse*.

N'oubliez pas comment les hégéliens, aussi bien que l'auteur attaqué, établissent l'athéisme. Ils ne disent point : Il n'y a pas de Dieu ; ils déclarent même absurde cette proposition, qui serait l'athéisme simple, et sans mensonge. Eux, au contraire, affirment Dieu, mais ils le définissent, et ils le définissent par une définition qui le supprime. Voilà du même coup et l'athéisme et le mensonge.

Par exemple, si l'on dit, comme Hégel : *Dieu est ;* ceci affirme Dieu. Mais si l'on ajoute : Dieu, qu'est-il en lui-même ? *il est l'Être pur, il est une abstraction, il est le néant ;* voilà certes une définition de Dieu qui le supprime. Dieu est le néant ; cela veut bien dire : Dieu n'est pas. Est-ce douteux ? Il y a donc bien là l'athéisme plus un mensonge. Il n'y a pas à s'en dédire. Or, je l'ai montré dans ma lettre, telle est sur Dieu la doctrine textuelle de Hégel. Et pour ce qui est de l'ouvrage que j'attaque, il y est dit que la doctrine de Hégel est la vraie solution du problème de la vérité.

Mais, certes, je ne condamne pas le disciple sur les paroles du maître. Je ne me permets de le juger que sur ses propres paroles.

Or, si le disciple dit : Dieu est ; mais qu'est-il en lui-même? Dieu *en lui-même est une abstraction ;* vous conviendrez que c'est exactement la doctrine du maître : l'athéisme plus un mensonge.

Or les textes sont-ils douteux ou contestables?

« Non-seulement la substance universelle n'est « pas sans les individus, mais elle n'a d'être et de « réalité que dans et par les individus. Prise à « part, elle n'est ni cause ni principe de l'être, « elle *n'est qu'une abstraction de l'esprit* [1]. »

Ailleurs : « Sans les individus qui le réalisent « l'Être universel *n'est qu'une abstraction* [2]. »

Ailleurs : « Pris à part l'universel *n'est qu'une* « *abstraction* [3]. »

Il est bien entendu que, pour l'auteur que

[1] III. p. 479.—[2] III, p. 264.—[3] III. p. 262.

j'attaque, l'*Être universel*, *l'universel*, *la substance universelle*, *le principe de la vie universelle*, *l'âme universelle*, toutes ces expressions qu'il emploie, signifient Dieu. On ne le nie pas. Pour s'en convaincre il suffirait d'ailleurs de relire là page 261 du troisième volume.

Ainsi, dans cette doctrine, Dieu est, mais qu'est-il ? Il est une abstraction.

Je demande si c'est là, oui ou non, l'athéisme plus un mensonge ?

Mais vous allez voir et l'athéisme et le mensonge devenir de plus en plus gros et visibles, à mesure que le fond de cette doctrine double va vous être montré.

Voici un secret qui n'a pas encore été mis au jour, j'ai appris la chose en Allemagne : c'est l'usage que ces sophistes athées font des deux mots *être* et *exister*. Vous les croyez peut-être synonymes ? Bien au contraire. L'*être*, c'est l'abstraction, et l'*existence*, c'est la réalité. *Dieu est, mais il n'existe pas.* Les individus seuls existent. L'homme et le monde existent : mais non pas Dieu. L'Être proprement dit, c'est l'être pur, l'être qui est simplement, qui est, sans plus : c'est-à-dire qui n'est ni telle chose ni telle autre,

c'est-à-dire qui n'a nulle qualité, nulle propriété;
qui n'a par conséquent nulle existence. L'*être*,
en lui-même, est un point géométrique sans dimensions, et un principe sans conséquences. L'*existence* seule a qualités, propriétés, dimensions,
conséquences, réalité. L'Être est un germe qui
n'est pas sorti de lui-même, qui n'a rien produit,
absolument rien, ni en soi ni hors de soi. Rien
à saisir, rien à voir, rien à dire, c'est le néant
pur.

Dieu est cet être pur, ce néant pur.

Mais voici ce qu'il faut accorder à cet être
pur, qui n'est rien du tout, qui n'est qu'une
abstraction; il faut lui accorder qu'il produit le
monde de toute éternité. En lui-même, il n'est
rien; mais dans sa production, il est le monde
et le genre humain. En lui-même il n'existe pas,
il ne vit pas, mais dans la nature il existe et il
vit; en lui-même il ne pense pas, il n'a point
conscience de lui-même, mais dans l'humanité
il pense et il a conscience de lui-même. Il est vrai
qu'alors, « prenant une nature déterminée, il
« cesse d'être universel pour devenir individu;
« contractant les attributs de l'individualité, la
« vie, la pensée, la personnalité, il perd les attri-

« buts de l'universalité, l'infinitude, l'immensité,
« l'éternité, l'absolue indépendance [1]. »

Ainsi Dieu qui est, et qui produit le monde,
de toute éternité, Dieu, en lui-même, n'existe
pas : il n'a ni la vie, ni la pensée, ni la conscience,
ni la personnalité, ni la réalité, il n'est qu'une
abstraction : c'est bien ; mais en tant qu'il produit le monde, il existe alors, il a la vie et la
réalité dans la nature ; il a, dans l'homme la pensée, la conscience, la personnalité ; oui : mais dès
ce moment même aussi, par contre, il n'est plus
Dieu, il n'a plus l'infinitude, l'immensité, l'éternité, l'indépendance.

Ainsi donc il est bien clair que Dieu n'existe,
n'est réel et vivant, ni en lui-même, ni hors
de lui : il n'est qu'une abstraction. Ce qui existe,
ce qui est réel et vivant, ce sont les individus, le
monde et l'homme.

Tout ceci, sans doute, ne peut être saisi par la
raison ; c'est l'absurde même ; mais enfin telle est
la doctrine : à défaut de Hégel, relisez la page
entière de M. Vacherot que j'ai citée dans ma
critique.

[1] T. III, p. 262.

Maintenant vous devez comprendre combien cette doctrine est favorable à ce double jeu de *thèse* et d'*antithèse* que j'étudie ici, à ce retournement du *pour* au *contre*, à ce mensonge systématisé, que Hégel nomme en effet *le retournement philosophique de l'idée* (*Umschlag*).

Qu'un déiste attaque le sophiste et lui dise : Vous êtes un athée. Il répond : Je ne suis pas athée ; Dieu est.

Qu'un athée lui reproche cet aveu, il répond : Dieu n'existe pas.

Quoi ! reprendra le déiste, Dieu n'existe pas ! alors vous êtes athée. — Point du tout : Dieu existe dans la nature et dans l'humanité. Dieu existe dans et par les individus.

Mais alors vous êtes panthéiste, car selon vous la nature et l'humanité sont Dieu ?

Nullement : « l'Être universel, en contractant « dans la nature et l'humanité les attributs de « l'individualité, la vie, la pensée, la conscience, « la personnalité, perd ceux de l'universalité, « l'infinitude, l'immensité, l'éternité, l'absolue « indépendance ; » donc, selon moi, la nature et l'humanité ne sont pas Dieu. Donc je ne suis point panthéiste, puisque je n'accorde ni à la nature, ni à l'humanité les attributs de l'universel. Je condamne Spinosa. Je l'ai refuté dans mon livre.

Mais alors, dit le panthéiste, vous admettez donc le Dieu puéril des chrétiens et de l'ancienne métaphysique, ce Dieu distinct du monde, qui vit, qui connaît et qui aime à part, comme s'il était un individu, et qui se suffit à lui-même?

Nullement, je n'admets pas ce Dieu puéril, puisque je vous affirme que Dieu, pris en lui-même, n'est qu'une abstraction et qu'il ne vit et n'existe que dans et par les individus.

Telle est, mon cher ami, la manière de se servir du *retournement philosophique de l'idée*, et de l'identité de la thèse et de l'antithèse, dans l'unité de la synthèse.

Or, dans le cas particulier qui nous occupe, c'est précisément par ce procédé, qu'après avoir enseigné l'athéisme aussi clairement qu'on le peut enseigner, on nie le fait avec indignation, en criant à la calomnie.

Relisez les deux dernières pages de la lettre à l'*Univers*, avec la clef que je vous donne ici, et vous comprendrez tout.

Ne perdez pas patience, cette étude est d'un

suprème intérèt. Ce n'est plus une polémique, je le répète, c'est une étude; ne nous pressons donc pas. Ne regrettons pas le .temps employé à sonder le mystère de la Sophistique contemporaine, et à mesurer l'abîme d'humiliations réservé aux sophistes.

Lisez, je vous prie, la fin de la *Réponse*.

J'accuse l'auteur de blasphémer Dieu, en disant que les monstres et les désordres de la nature « sont *les erreurs* et *les faiblesses* d'une *puissance* « *infinie, mais imparfaite.* »

Celui qui a dit ces paroles se *retourne* aussitôt (*Umschlag*) et s'écrie : Comment! vous ne voyez pas « que cette puissance dont je signale les im- « perfections n'est pas Dieu, mais la nature?.... « ... Une pareille méprise sur un texte aussi clair « et aussi grave me dispense de répondre à tout « le reste de la critique..... Je ne veux citer que « cet exemple de l'abus qu'on peut faire de cette « méthode de réfutation qui prend un texte au « hasard, sans le rattacher à la suite des idées. »

Ainsi donc, mon cher ami, me voici accusé d'avoir pris un texte au hasard, de l'avoir séparé de l'ensemble, et d'en avoir dénaturé le sens.

Puisqu'il en est ainsi, nous sommes obligés de

relire l'ensemble du texte pour juger si j'ai commis le délit de citation tronquée dont on m'accuse.

Je copie d'abord une page entière de M. Vacherot, sans en passer un mot, c'est celle qui précède mes citations :

« Chercher la raison métaphysique du mal dans
« une doctrine qui conçoit *la perfection non*
« *comme un idéal de la pensée, mais comme un*
« *être réel,* c'est tenter l'impossible. Toutes les
« écoles idéalistes y ont échoué, malgré les plus
« ingénieuses et les plus savantes hypothèses; et
« pourtant le problème du mal, insoluble au point
« de vue où elles se placent, est en soi fort sim-
« ple. *Ce qui est vrai, d'une vérité incontestable,*
« *c'est que le parfait, l'idéal, l'intelligible, pour*
« *parler le langage de Platon et de Plotin,*
« *n'existe que dans l'esprit, comme concept de la*
« *pensée.* Toute réalité est un mélange de bien
« et de mal; ce qui distingue telle réalité de telle
« autre, c'est la proportion, le degré. Mais l'im-
« perfection est la condition, la nature même de
« la réalité. *L'erreur de l'idéalisme est d'imaginer*
« *au-dessus du monde sensible un monde parfait,*
« *non moins réel;* d'où la difficulté de compren-
« dre comment et pourquoi il existe un monde

« imparfait. Mais s'il est vrai que toute réalité est
« imparfaite, en tant que réalité, et *que la perfec-*
« *tion n'est qu'idéale,* la difficulté s'évanouit
« avec le problème. Puisque le mal n'est que
« l'imperfection, que l'imperfection est dans la
« nature même de la réalité, il n'y a pas à cher-
« cher pourquoi le mal existe, ni comment l'im-
« parfait dérive du parfait. La réalité imparfaite
« tend à la perfection, loin d'en venir ; *elle a le*
« *bien absolu pour fin, non pour principe.* Elle
« tend à la perfection par le progrès, loi irrésis-
« tible qui a pour condition nécessaire le mal, ou,
« pour mieux dire, l'imperfection. »

« A ce point de vue, qui est le vrai, l'explica-
« tion du mal devient facile [1]. »

Voici l'explication :

« La nature, ainsi que l'a si bien dit Aristote,
« tend irrésistiblement au bien, mais elle ne l'at-
« teint pas toujours ; elle hésite, elle dévie, elle
« s'égare même quelquefois et manque complète-
« ment son but. De là les irrégularités, les ac-
« cidents, les désordres, les monstres ; mais, en
« présence de ces erreurs ou de ces défaillances

[1] T. III, p. 338.

« de la nature, l'*intelligence, qui lui est supérieure,*
« *la juge, la corrige,* les regards *fixés sur les types*
« *immuables du bien, du beau, de l'ordre*[1]. »

Remarquez bien, je vous prie, qu'il s'agit ici
de l'intelligence de l'homme puisqu'il n'y a pas
d'autre intelligence. Ceci est capital. L'intelligence de l'homme, selon les Hégéliens, vous le
savez, est supérieure à la nature.

L'explication continue :

« S'il est raisonnable de croire, *à priori, à la*
« *sagesse du Créateur* et à l'excellence de ses œu-
« vres, s'il est d'une saine philosophie de chercher
« la raison des phénomènes, d'appliquer large-
« ment et hardiment, à tout ce qui le comporte,
« le principe des causes finales, il faut se garder
« d'en abuser, au point d'assigner à toute chose sa
« raison suffisante, de trouver une fin sérieuse à
« ce qui n'en a pas, *aux anomalies, aux irrégula-*
« *rités, aux désordres, aux monstres de la nature,*
« *au lieu d'y voir* LES ERREURS ET LES FAIBLESSES
« D'UNE PUISSANCE infinie, mais imparfaite, qui
« n'atteint pas toujours, qui ne peut même jamais
« atteindre complétement la perfection idéale

[1] T. III, p. 339.

« conçue par l'intelligence. Il n'y a qu'une théolo-
« gie fausse, ou une philosophie enthousiaste de
« la nature qui, l'une, pour exalter la Provi-
« dence, l'autre, dans son admiration aveugle du
« monde créé, puissent accepter d'aussi puériles
« explications. »

Maintenant si vous avez fait attention, vous
pouvez juger : ai-je eu tort? Je suis accusé ici de
rapporter à Dieu ces paroles : « *Les erreurs et les*
« *faiblesses d'une puissance infinie, mais impar-*
« *faite.* » On me dit que j'ai tort parce que plus
haut, à la page 33g, il est question de la nature,
et que ces paroles se rapportent à la nature. Mais
moi je rétablis la totalité du texte et je trouve non
pas à l'autre page, mais à la page même, immédiatement au-dessus des paroles que je cite, qu'il
est question du *Créateur*.

Lequel de nous deux, de mon adversaire ou
de moi, est coupable du délit de citation tronquée?

On supprime le mot *Créateur* placé, par l'espace comme par la pensée, entre le mot *nature*
et les paroles que je cite, et on m'accuse de n'avoir
pas cité ce mot *nature*.

Mais alors qu'est-ce que la dénégation de l'auteur? C'est ce que je vous disais : c'est *le retourne-ment philosophique de l'idée (Umschlag)*.

N'oubliez donc pas, que, pour ces sophistes, Dieu et la nature sont identiques, puisque tout n'est « qu'une unité indivisible [1]; » puisque « par « la lumière supérieure de la raison on arrive à « comprendre que les individus, corps ou âme, « formes inertes ou forces vives, ne sont que les « manifestations d'un seul et même principe in-« fini et universel [2]; » puisque : « l'Être infini et « universel ne se manifeste, ne s'exprime que « dans les êtres finis et individuels; » puisqu'il « est impossible de concevoir Dieu sans le monde « ou le monde sans Dieu; » puisque « l'un et l'au-« tre sont une synthèse indivisible dans la nature « des choses [3]. » Dieu et la nature sont la thèse et l'antithèse qui font une synthèse indivisible.

Dès lors quand j'accuse un sophiste d'appeler Dieu « une puissance infinie et imparfaite qui a « des erreurs et des faiblesses, » il se retourne (*Umschlag*), il passe de la thèse à l'antithèse, sans sortir de la synthèse, qui est la vérité, et me ré-pond : *J'ai dit cela de la nature*.

[1] T. III, p. 501. — [2] T. III, p. 500. — [3] T. III, p. 501.

C'est vrai, puisque, comme vous le voyez, Dieu et la nature sont identiques.

Soit, direz-vous, mais alors pourquoi soutenir que cette puissance dont on a parlé *n'est pas Dieu, mais la nature?* C'est la nature, sans doute, mais c'est Dieu aussi, dans le système, puisque l'un et l'autre sont identiques. La dénégation doit donc être ici qualifiée durement.

Non, mon cher ami, il n'y a pas ici de mensonge dans le sens où vous l'entendez, il n'y a que le système tout pur. On n'entend parler ici que de *Dieu pris en lui-même,* dans ce *moment philosophique de la pensée* où il n'existe pas encore, où il n'est pas encore réalisé dans la nature, où n'étant pas réel, et n'étant *qu'un concept de l'esprit,* il est, comme tel, idéal et parfait. Dieu, en tant qu'idéal non existant, n'a, en effet, ni erreurs ni faiblesses, puisqu'il n'existe pas! Mais dès qu'il existe, dès qu'il apparaît comme nature ou humanité, alors seulement, tombant dans le domaine de la réalité, il cesse nécessairement d'être parfait, et a ses erreurs et ses faiblesses : mais alors il s'appelle *nature.* N'oubliez pas cette distinction.

Vous voyez donc comment j'ai calomnié mon

adversaire, en lui faisant dire de Dieu ce qu'il n'a dit que de la nature.

C'est ce qui le « dispense de répondre à tout « le reste de la critique. »

Il se borne donc à une protestation que je vous prie d'examiner en détail, toujours au moyen de la clef que je vous ai donnée : le *re- tournement dialectique de l'idée.*

J'accuse cet auteur d'athéisme. Il me répond : « Ce mot odieux est une calomnie. »

C'est en effet une calomnie pour ce livre, puisqu'on y lit « qu'on ne peut concevoir un « monde sans Dieu. »

Sans doute, selon la doctrine du livre, Dieu, *pris en lui-même, n'existe pas : il n'est qu'une abstraction.* C'est vrai ; mais c'est la thèse. L'an- tithèse, au contraire, affirme que, dès que le monde existe, Dieu existe par cela même, *dans et par les individus, esprits et corps, formes et forces.* J'ai accusé d'athéisme la thèse ; on se retourne (*Umschlag*), et on me présente l'anti- thèse.

Le livre n'est donc pas d'un athée.

« L'athée, dit la Réponse[1], est un esprit gros-

[1] Rép. p. 15.

« sier et borné, qui ne croit qu'au témoignage de
« ses sens, qui ne comprend, ne conçoit, n'ima-
« gine rien au delà des choses matérielles et indi-
« viduelles. »

Cet esprit grossier et borné ne connaît que la
thèse, savoir : « Qu'il n'y a qu'une substance
« unique, qui passe, à travers les règnes et les
« espèces, de la simple existence à la vie, de la
« vie à la sensibilité, de la sensibilité à l'intelli-
« gence[2]. » L'athée connaît cette substance unique : il la nomme matière. C'est la thèse. Mais il
ne comprend, ne conçoit, n'imagine point l'antithèse ni la synthèse, qui enseignent, l'une, qu'il
y a des âmes aussi bien que des corps ; l'autre,
que *corps ou âmes ne sont que les manifestations
d'un seul et même principe*[3]. L'athée ne comprend
donc que la matière, et ne comprend pas l'Esprit
et Dieu même, qui sont identiques à la matière.
C'est pour cela qu'il est grossier et borné.

« L'athée, dit la Réponse, ne croit qu'aux
« choses individuelles. »

Il est bien vrai que, selon le livre, *l'universel
n'est qu'une abstraction : il n'existe que dans et*

[1] T. III, p. 496. — [2] T. III, p. 496 et 497. — [3] T. III, p. 500.

par les individus; il est vrai encore, toujours d'après le livre, que *dès que cet universel existe dans les individus, il cesse d'être universel*[1]! En réalité, il n'existe donc jamais. C'est vrai, d'après le livre; mais c'est la thèse : l'athée s'y borne. L'universel n'existant pas, l'athée dit que l'universel n'existe pas. Mais il oublie encore et l'antithèse et la synthèse; il oublie l'universel abstrait (antithèse) opposé à la réalité vivante et individuelle (thèse); et il ne conçoit pas que, par la synthèse, l'universel abstrait et les individus vivants sont identiques. Sans cet oubli, il n'affirmerait pas simplement que l'universel n'existe pas. Poursuivi par les déistes, il se retournerait (*Umschlag*), présenterait l'antithèse, y ajouterait mentalement la synthèse, et soutiendrait que l'universel existe.

« Pour l'athée, selon la Réponse, toute vérité « absolue et infinie, *toute conception idéale*, Dieu, « le bien, le beau, sont autant d'abstractions. »

Sans doute, si quelque chose est répété dans le livre, c'est ce propos : « Sans les individus qui « le réalisent l'Être universel n'est qu'une abs-

---

[1] T. III, p. 262.

« traction [1]. Concevoir la perfection, non comme
« un idéal de la pensée, mais comme un être
« réel, c'est tenter l'impossible... *Ce qui est vrai,*
« *d'une vérité incontestable, c'est que le parfait,*
« *l'idéal, l'intelligible, n'existent que dans l'esprit,*
« *comme concept de la pensée* [2]. »

Telle est donc bien la doctrine du livre, la
même précisément que la Réponse attribue à
l'athée.

Soit. Mais prenez garde : ici l'on vient de re-
tourner l'idée (*Umschlag*). Sans doute, l'idéal en
lui-même (thèse) n'est pas une réalité et n'existe
que dans l'esprit; mais la *conception idéale* elle-
même (antithèse), dont il est question ici, étant
un acte de mon esprit, n'est plus une abstraction :
l'idéal, dès que je le conçois, vit, existe en moi,
être vivant et individuel. L'athée, d'après la réponse, serait celui qui soutiendrait que ma pensée, laquelle est une réalité, n'est plus qu'une
abstraction quand elle pense Dieu, le bien, le
beau.

« L'athée, dit la réponse, ne voit dans le monde
« qu'une multitude d'êtres sans lien, sans sys-

[1] T. III, p. 264. — [2] *Ibid.*, p. 337 et 338.

« tème, sans unité, sans principe, sans fin, sans
« autre impulsion que celle d'une aveugle néces-
« sité. »

Sans doute, Dieu n'a ni pensée, ni conscience,
ni intelligence. C'est vrai, selon le livre. Mais on
verra plus bas, par la vraie notion de la Providence, comment ceci s'explique par l'antithèse.
Quant à l'athée, qui ne voit dans le monde qu'une
multitude d'êtres sans lien, sans unité, quel rapport a-t-il avec ceux qui voient dans le monde,
Dieu, nature et humanité, un grand tout indivisible et consubstantiel?

Tel est donc l'athée, et voilà l'athéisme dans le
vrai sens du mot, d'après la Réponse.

Comprend-on maintenant combien l'auteur du
livre et de la réponse aurait lieu de *s'indigner
d'une pareille accusation, s'il pouvait la prendre
au sérieux?*

Qu'a-t-il de commun avec l'athéisme, *lui qui
croit à sa conscience, à sa raison,* » et qui enseigne que la conscience et la raison humaines
sont le dernier terme du progrès de Dieu?
Croire à sa conscience, à sa raison, qui sont Dieu,
c'est croire à Dieu.

Qu'a-t-il de commun avec l'athéisme, lui qui

croit *à la liberté, au devoir, à la spiritualité de son être, à ses hautes destinées;* la liberté, qui est même chose que la nécessité, le *devoir, qui est même chose que la liberté,* la spiritualité identique à la matérialité, puisqu'il n'y a qu'une substance, et, enfin, à ces hautes destinées, qui consistent à être, pendant un certain nombre d'années, une des manifestations individuelles de la substance unique?

Qu'a-t-il de commun avec l'athéisme, lui qui croit « à Dieu, par qui la nature existe, » (thèse) et « qui n'existe que dans et par la nature » (antithèse); à Dieu, « par qui la nature vit et se meut » (thèse), et « qui ne vit que dans et par la nature » (antithèse); à Dieu, « par qui et en qui l'homme « pense et veut » (thèse), et « qui ne sent, ne pense « ne veut que dans l'homme et par l'homme » (antithèse)!

Qu'a-t-il de commun avec l'athéisme, lui qui, enfin, « s'élève à cette hauteur où l'unité de fin, « l'unité de vie, l'unité d'être se révèlent à l'es- « prit dans la contemplation de la vérité et le ra- « vissent au point de lui faire perdre de vue les « existences individuelles. *In ipso vivimus, move-* « *mur et sumus* » (synthèse) [1] !

[1] T. III, p. 497.

Qu'a de commun avec l'athéisme celui qui croit
à Dieu, « dont le monde n'est pas seulement l'œu-
« vre accidentelle, *mais l'acte immanent*, la mani-
« festation incessante, quoique toujours impar-
« faite, dont la Providence, inséparable de la
« puissance créatrice, se révèle par l'ordre, la
« beauté, le progrès universel et continuel du
« Cosmos? »

Qu'a-t-il donc de commun avec l'athéisme, lui
qui croit à Dieu, à la création et à la Providence,
et qui définit comme il suit la création et la Providence : « Cette notion de la Providence, essen-
« tiellement conforme à la doctrine théologique
« de l'école d'Alexandrie, *est, selon nous, vraie*
« *comme son principe?* De même que *la création*
« du monde n'est point un caprice de la volonté
« de Dieu, *mais* UN ACTE NÉCESSAIRE ET IMMANENT
« DE LA NATURE DIVINE, de même le gouvernement
« de la Providence doit être conçu, non comme
« l'action contingente et individuelle d'une puis-
« sance qui modifie et suspend ses résolutions,
« MAIS COMME LE MOUVEMENT UNIVERSEL, INCES-
« SANT, INFLEXIBLE, qui entraîne le monde vers
« sa fin suprême : le bien. Les vrais, les seuls dé-
« crets de cette Providence *sont les lois* qui régis-

« sent les corps et les esprits ; sa volonté n'est que
« la nature même des choses ; *son gouvernement*
« *n'est que le progrès irrésistible de la vie univer-*
« *selle,* sous l'empire de la cause finale. Il faut,
« dans la définition de la Providence, se garder
« d'un double écueil, d'une théologie antropo-
« morphique qui rabaisse la Providence aux pro-
« portions d'un gouvernement humain, et du na-
« turalisme, qui la confond avec l'aveugle fatalité.
« Dans la vraie notion de la Providence se conci-
« lient *la nécessité et la finalité,* la nature et l'in-
« telligence. La cause qui a créé et qui gouverne
« le monde n'en est pas extérieurement distincte ;
« elle réside au fond , ou plutôt elle est le fond
« même des êtres qu'elle dirige ; elle en est la
« substance et la fin. »

« Voilà, dit M. Vacherot, le Dieu de mon livre,
« le Dieu de ma pensée de chaque jour et de cha-
« que heure, le Dieu dans la contemplation du-
« quel je trouve, moi faible roseau pensant, l'ap-
« pui de ma faiblesse, la lumière de mon intelli-
« gence, la flamme de mon cœur. Qu'on me per-
« mette de conserver de Dieu cette image[1] ! »

[1] T. III, p. 344 et 345. — Réponse, p. 16.

16.

Ici, mon cher ami, je me recueille tout à coup.

J'ai été ému en lisant ces paroles ; je le suis en les relisant. *L'Univers* lui-même, ce dur polémiste, a trahi son émotion par ces mots : « Nous « n'insistons pas ; nous ne voulons pas contrister « M. Vacherot. » Je lui en sais gré.

Qu'y a-t-il donc dans ces paroles ?

Celui qui les a prononcées est sincère. Il y a donc, dans ces paroles, l'expression sincère du besoin d'adoration qui demeure au fond de notre âme tant qu'elle n'est pas éteinte radicalement. L'auteur du livre que j'attaque ne peut pas ne pas entrevoir qu'il est athée : il ne voudrait pas l'être. Peut-être ai-je un moment remué sa conscience ; peut-être a-t-il vu l'abîme un instant. Son âme alors a réagi ; ce qui s'y trouve de religieux s'est réveillé, et il en est sorti comme une prière, une sorte de cri d'adoration. Ce cri du cœur d'un homme honnête a fait sourire ses amis, je le sais ; les hégéliens n'y voient qu'une hypocrite protestation en face d'une société qui croit encore en Dieu.

Moi, j'y vois autre chose : j'y vois une âme que Dieu a remuée, et cette âme a voulu prier.

Mais ce qui est épouvantable, c'est que cette

espèce de prière ait été prononcée, sans sortir des bornes sévères de l'athéisme.

Qui est ici, coup sur coup, nommé Dieu, et invoqué comme Dieu ? C'est celui qui est « le Dieu « de ce livre », celui qui n'existe pas en lui-même; « celui qui ne vit et qui n'existe que dans « et par la nature et le genre humain, » et qui cesse alors d'être Dieu; c'est celui qui est, dit l'auteur « le Dieu de ma pensée de chaque jour « et de chaque heure,» puisque je suis moi-même Dieu qui pense, et que lui ne saurait penser que par moi et en moi; c'est celui « dans la contem- « plation duquel je trouve moi, pauvre roseau « pensant, l'appui de ma faiblesse, la lumière de « mon intelligence et la flamme de mon cœur: » oui, puisque cette lumière et cette flamme que je sens dans mon cœur et que je vois dans mon esprit, est *le terme suprême du progrès de Dieu,* de ce Dieu qui par moi et en moi arrive à la pensée et à l'amour. Je le *contemple* quand je vois l'*idéal, idéal abstrait en lui-même, mais dont la conception devient en moi réalité,* puisque je vis, que je le pense et que je lui donne la vie en le pensant. Je ne suis qu'un roseau pensant, n'étant qu'une des manifestations passagères de son inépuisable et irréalisable totalité; mais cette manifestation imparfaite est réelle, et réalise l'idéal parfait, qui, par lui-même, n'existe pas.

C'est donc bien vers ce vide et ce néant, connu comme tel, qu'une âme vient de pousser un cri.

Cette âme que le Dieu vivant a touchée voulait crier vers Dieu; mais l'esprit inflexible, roidi dans sa formule, détourne ce mouvement, et pousse en sens contraire le cri d'adoration déjà parti du cœur.

Écoutez cette prière à l'abstrait, ce nom de Dieu donné à celui qui n'est pas, cet acte de foi et d'amour adressé au néant, ce cri d'adoration poussé dans le vide, ce timbre singulier, déchirant, d'une voix qui se brise et s'éteint dans cette impossible prière, et dites-moi si ce n'est pas une des plus sinistres choses dont il soit donné à la terre d'être témoin.

IV.

Paris, 28 août 1851.

Il me reste, mon cher ami, à résumer cette discussion, à conclure cette étude.

1° On enseigne que le *Platonisme* renaissant à *Alexandrie,* comme *verbe d'alliance entre toutes les doctrines* du passé, *donne au monde le Christianisme.* On consacre trois cents pages à établir ce paradoxe délirant sur des monceaux d'erreurs dont rien ne saurait qualifier l'énormité.

Je le montre dans ma critique.

On me répond qu'on n'a pas dit un mot de cela.

2° On enseigne que la doctrine de l'identité absolue est la vraie solution du problème de la vérité, et on enseigne théoriquement que les *antinomies* et les contradictions, loin de s'exclure, sont des vérités doubles. Conformément à la théorie, on pratique ce système qui est l'absurde systématisé, et le mensonge érigé en doctrine : on l'applique à toutes les questions.

Je le montre dans ma critique.

On ne me répond pas un seul mot à cela.

3° On enseigne que Dieu, en lui-même, n'est qu'une abstraction ; qu'il n'a pas la vie, ni la pensée, ni la conscience, ni l'intelligence, ni la personnalité, ni l'existence : qu'il n'existe que dans et par les individus, mais qu'il cesse alors d'être Dieu ; de sorte qu'enfin Dieu n'existe dans aucun sens, ni en lui-même, ni autrement. Il n'est qu'un idéal abstrait.

Je dénonce cette doctrine par des textes non morcelés, par des pages continues. Puis je la nomme par son nom l'*athéisme*. Mais comme c'est un athéisme qui se renie et qui ne cesse de nommer Dieu, je l'appelle *athéisme plus un mensonge*.

On me répond qu'on n'est pas athée : que ce mot est une calomnie.

C'est ce qu'on doit répondre, selon moi ; puisque, sans cela, ce serait l'athéisme franc, et non pas l'athéisme plus un mensonge, comme je l'affirme et le soutiens.

Voilà, mon cher ami, le résumé de la discussion.

Maintenant, il reste à savoir si, les choses étant telles, le procès restera douteux, et si le public n'en comprendra pas la portée.

La portée du procès est celle-ci : il s'agit de savoir si nous en sommes venus à ce point qu'on puisse enseigner parmi nous l'athéisme, l'athéisme le plus explicite, sans qu'on s'en aperçoive, malgré l'avertissement.

Il s'agit de savoir, en particulier, si l'École normale, source de l'enseignement public en France, si l'Université, j'entends par là le corps des professeurs de l'État, si, dis-je, ce corps est hors d'état scientifiquement et intellectuellement de juger cette question, et de dire : oui c'est l'athéisme; ou bien, si ce corps, sachant discerner la doctrine, et voyant que c'est l'athéisme, se considère comme attaqué par moi parce que j'ai attaqué l'athéisme.

Quant à moi, je puis soutenir que je n'ai pas plus pensé à attaquer le corps enseignant, en réfutant un système d'athéisme, produit par l'un des siens, que je ne penserais attaquer le clergé, en signalant, dans son sein, un hérétique.

Si ce corps en juge autrement, — question que je pose sans la résoudre, — si, en tout cas, tous ses journaux soutiennent, défendent, je ne dis pas l'homme que je défends plus que personne, je dis l'auteur que j'ai dû attaquer; si des chrétiens, si des hommes dignes et respectables qui font partie de l'Université, n'osent pas, par un esprit de corps aveugle et un respect humain coupable, se prononcer dans cette question; si le nombre des athées, des sophistes dans l'Université, est assez grand déjà pour tenir tout le corps en échec; si la bibliothèque de l'École normale conserve deux exemplaires du livre qui enseigne l'athéisme, et si, en même temps, l'administration de l'École n'a pas osé transmettre l'exemplaire de ma réfutation que j'ai offert à cette bibliothèque; si tel éminent personnage, à qui l'impartialité conviendrait, inspire à des journaux, d'ailleurs sérieux, des articles où je suis convaincu, à mon choix, d'ignorance ou de calomnie et où la cause de l'athéisme est nommée la cause du *bon droit;* s'il en est ainsi, dis-je, vous voyez la portée du procès.

Pour moi, voici comment je plaide ma cause.

Je prie tous les membres de l'Université de vouloir bien consacrer quelques heures d'attention à juger le procès *par eux-mêmes*. Je demande qu'on ait sous les yeux le IIIe volume de l'*Histoire critique* de M. Vacherot; qu'on ait sous les yeux ma Lettre, la Réponse de M. Vacherot, et ma Réplique.

Je me soumets au jugement de quiconque consacrera trois heures à lire ma Lettre, la Réponse et la Réplique, en vérifiant les textes dans le volume de M. Vacherot.

Mais je demande que, quand on aura jugé en sa conscience, on ait le courage de se prononcer.

Je prie aussi mes confrères du clergé, je les prie instamment, d'un autre point de vue, de consacrer un jour à cette étude, et de recommander de la manière la plus pressante cette même étude aux jeunes gens, à l'âge où le sophisme commence à les atteindre, et à tous ces hommes incertains, qui croient encore que la science et la philosophie sont redoutables à la religion. Un voile tombera de leurs yeux quand ils verront quelle est la science qu'on nous oppose, quelle est l'espèce de philosophie et l'espèce de raison qui, parmi nous, combat encore le Christianisme; quand ils voudront bien réfléchir que l'étonnant Ouvrage et l'étonnante Réponse dont il s'agit, viennent du plus laborieux peut-être, du plus sincère et du moins passionné de ceux qui nous combattent ; quand ils se demanderont ce que doit être ce même esprit d'erreur, propagé par la foule des lettrés frivoles, ignorants, passionnés et menteurs.

Par ce seul fait particulier, bien étudié, et il ne faut pour cela qu'un seul jour, des préventions enracinées pendant une vie entière peuvent tomber, et l'obstacle enlevé, la lumière s'élance dans l'esprit.

Ce n'est pas dans le but de réfuter un écrivain que j'ai écrit : c'est dans l'espoir d'enlever chez plusieurs cet obstacle qui, placé dans l'intelligence, sépare l'âme de la lumière et de la vie dont elle est altérée.

V.

ÉPILOGUE.

Et maintenant, cher ami, je voudrais me consoler avec vous, par une de nos bonnes conversations intimes, de la nécessité où je me suis trouvé d'entreprendre cette polémique et de la poursuivre.

Qu'est-ce que la polémique? Et à quoi sert-elle?

La polémique, guerre des esprits, sert, chacun le sait, à rendre de notre avis ceux qui sont de notre avis, et à repousser vers l'avis contraire ceux qui sont de l'avis contraire. Elle opère ce qu'a dit Plaute avec une ironie si profonde : « Peu à peu mon esprit en vint à être de mon avis : »

Paulatim animus meus accessit ad sententiam meam.

Ne riez pas, car c'est beaucoup.

Cela veut dire que la polémique *démêle* les hommes et les idées.

Or, démêler les hommes et les idées n'est pas un travail inutile.

Ce qui prolonge la lutte humaine et la guerre intellectuelle, n'est-ce pas ce mélange des esprits que saint Augustin nomme *le mélange des deux cités?* Lorsque les deux cités et les deux camps seront bien séparés, la guerre, dit saint Augustin, sera finie.

Toute âme humaine porte dans sa mystérieuse profondeur un jugement primitif, radical, libre, sur Dieu, c'est-à-dire sur l'ensemble de toute vérité : jugement qui la juge et la classe elle-même aux yeux de Dieu. Et il n'y a que deux jugements, l'un pour Dieu, l'autre contre, qui correspondent aux deux amours, principes des deux cités. Ces deux jugements caractérisent les deux classes d'hommes que Dieu distingue, et que la sainte Écriture appelle les *hommes menteurs* et les *hommes vrais : Viri mendaces et viri veraces.* Mais le jugement fondamental de chaque âme ne devient explicite et précis que par la vie, le travail et la lutte. En attendant, les esprits et les jugements sont mêlés.

Dans un même esprit, les jugements contraires se mêlent, quoiqu'au fond l'un des deux règne toujours. Dans un même camp, sont mêlés des esprits qui, aux yeux de Dieu, appartiennent aux cités contraires.

C'est ce qui explique comment les plus saintes causes sont entravées, déshonorées par les enne-- mis secrets qui les ruinent en les soutenant, et comment les plus détestables partis, les sectes les plus absurdes, vivent quelques jours, par quelque rayon de lumière égarée qui s'y mêle, par quelque enfant de Dieu, peu développé encore, qui s'y laisse prendre pour un temps, et s'y dévoue.

Il faut donc démêler les idées et les hommes, en ramenant chaque homme à son drapeau, et chaque idée à son principe.

C'est ce que fait la polémique. Elle ne change pas plus les hommes qu'elle ne change les idées, mais elle les démêle et les range.

Or, dit saint Augustin, le progrès du monde et du drame de l'histoire consiste dans la séparation, toujours plus prononcée, des deux doctrines et des deux camps, de telle manière qu'il n'y ait plus d'un côté que l'erreur, de l'autre la vérité; d'un côté que les bons, de l'autre les méchants. Alors l'erreur n'est plus que le vide pur, le néant même;

elle disparaît. Alors aussi, les méchants isolés sont dissipés par un seul mouvement d'indignation du cœur des bons.

Eh bien! en ce qui concerne les idées, — je ne parle pas des hommes en ce moment, — n'est-il pas manifeste que nous sommes en progrès?

Il n'y a jamais eu de guerres intellectuelles comparables, même de loin, à celles des trois derniers siècles, depuis que l'arme puissante des temps nouveaux dans la guerre des esprits, l'Imprimerie, est venue rendre indestructible et aussi étendu que le monde, chaque mouvement de la pensée. Ces grandes guerres ont produit leur fruit. Elles ont démêlé les idées. Aujourd'hui, — c'est-à-dire dans la seconde moitié du xixe siècle, — nous entendons dire déjà qu'il n'y a plus en présence que deux doctrines, l'une impliquant toute vérité, et l'autre toute erreur. Cela est plus vrai qu'on ne pense, et ce travail de séparation des ténèbres et de la lumière est plus avancé qu'on ne croit.

Pour le comprendre, il faut savoir que la Sophistique contemporaine, qui ne fait qu'apparaître en France, sous sa vraie forme, quoique son esprit nous gagne depuis vingt ans, cette doctrine qui se nomme, tantôt la *philosophie nouvelle*,

tantôt la *science nouvelle*, tantôt *la doctrine de l'i-
dentité absolue*, quelquefois même la *doctrine purement et radicalement négative*, cette Sophistique
qui vient d'Allemagne, dont l'auteur principal
est Hégel, celle que l'*histoire critique* considère
« comme étant la vraie solution du problème
« de la vérité, » il faut savoir, dis-je, que cette
Sophistique n'est pas seulement une doctrine ridicule dans son énoncé, absurde par système, et
menteuse par principe; elle est, de plus, un des faits
les plus considérables de l'histoire de la philosophie : c'est une crise capitale ; c'est un signe
des temps ; ce n'est rien moins que la doctrine
universelle de l'erreur, opposée à toute vérité.

Il n'y a pas une absurdité, dit Cicéron, qui
n'ait été enseignée par quelque philosophe. J'affirme qu'il n'y a pas une absurdité qui n'ait été
enseignée par Hégel. Le cercle de l'erreur est
parcouru, dit-on souvent. Oui, il est parcouru, et
de plus recueilli, ramassé en un, dans l'unité
d'un principe simple qui est l'athéisme hégélien;
et cela par l'enchaînement d'une logique si puissante, que l'école hégélienne regarde son système
comme entièrement inattaquable, et le présente
comme l'indestructible monument de la plus in-

vincible logique qui fut jamais. Et ils disent vrai. Accordez-leur un point unique, leur principe, savoir : l'*identité de l'identique et du non identique*, et dès lors le système entier, qui s'étend à toutes les erreurs, demeure inattaquable dans tous les points, et forme un tout que rien ne peut plus entamer. Le Dante semble avoir entrevu ce mystère de l'erreur, quand il met dans la bouche de Satan ces mots : « Ah! vous ne saviez pas que je « suis logicien ! »

Prenez maintenant cet immense système sophistique, le plus complet qui fut jamais, et même qui soit possible; système qui implique réellement, sciemment, et qui l'avoue, toutes les erreurs du passé : le Panthéisme indien et le Nihilisme qui en dépend, le profond athéisme chinois, le Nihilisme de Foë, le culte du mal des sauvages, l'Epicuréisme reçu comme loi morale, toute la Sophistique grecque, le mauvais mysticisme alexandrin, le honteux mysticisme de Molinos, le fatalisme des Turcs, et tout ce qu'il est possible de citer d'erreurs en tout temps, en tous lieux; réalisant ainsi, à sa manière, le *quod ubique, quod semper*: prenez, dis-je, cette Sophistique universelle, et placez-la en face de la grande théologie catholique, et de la grande philosophie, tout à la fois traditionnelle et originale que cette théologie implique : doctrine vraiment universelle qui renferme toutes les vérités du passé; qui possède Aristote et Platon complétés, purifiés, et tous les philosophes du premier ordre, sans exception; qui n'est, d'une part, que le sens commun devenu science, et de l'autre, comme on l'a dit, que l'Évangile traduit en philosophie. Comparez ces deux grands ensembles contraires, et vous avez en face et en présence les ténèbres et la lumière ! D'un côté toutes les erreurs ou du moins le principe de l'erreur, déjà très-développé; de l'autre toutes les vérités, ou du moins le principe de toute vérité, déjà très-développé. Ce n'est plus, comme on le supposait, d'un côté la raison, de l'autre la foi; d'un côté le surnaturel, l'Évangile et la grâce; de l'autre le sens commun, la nature, la loi morale et la conscience. Ce n'est plus cela. Il y a maintenant d'un côté la raison et la foi, l'Évangile et la loi, la grâce, la conscience, la morale naturelle et surnaturelle; et, de l'autre côté, la destruction formelle de toute raison comme de toute foi, de toute loi, de toute morale, de toute conscience, et l'aveu explicite du dessein que l'on a de renverser la morale ancienne, la logique reçue et la raison vulgaire, pour y substituer la logique de l'identité, qui est la négation précise de toute logique et de toute pensée. Et ce vertige, ancien sans doute dans la pratique des âmes perverses et des intelligences déchues de tous les temps, est nouveau en spéculation, parce que jamais le système de l'erreur n'avait été posé doctrinalement, dans sa forme complète, universelle, rigoureuse, inattaquable à partir du principe. Jamais, par doctrine, on n'avait soutenu comme vrai l'évidence du faux, l'absurde; jamais l'absurde sous sa forme propre, la contradiction dans les termes, n'avait été proposé aux hommes comme formule de la vérité.

C'est ce que nous avons aujourd'hui sous les yeux.

Or, je dis qu'il y a là un moment solennel du progrès de l'esprit humain. L'esprit humain, par la lutte et le mouvement, et par l'appui de Dieu, a opéré la séparation. Les ténèbres sont d'un côté et la lumière de l'autre. On peut choisir.

Je ne puis assez exprimer l'admiration que m'inspire ce sublime spectacle, sur lequel l'attention générale n'est pas encore fixée.

Oui, il y a maintenant une sentine de l'esprit humain, ayant son lieu, son lit et ses canaux. Et pendant que toutes les erreurs vont, par leur pente, vers ce lieu le plus bas du monde, les vérités plus dégagées s'élèvent et se recueillent vers ce sommet dont Jésus-Christ a dit : « Je vais vous « préparer le lieu » ; les vérités montent vers ce lieu où lui, le Fils de l'homme élevé de terre, attire toute chose à lui. Toute pensée vraie s'élève vers ce nid d'aigles, dont Jésus dit encore : « Là « où sera le corps, là les aigles s'assembleront. » Les vérités de tous les ordres, comme des aigles fixant le soleil, peuvent maintenant se recueillir vers ce corps sacré, qui est le corps du dogme catholique, vers ce centre de divine lumière dont une sainte admirable disait : « La face de l'éter- « nelle lumière attirera les yeux de tous les aigles. « *Colliget oculos aquilarum suarum facies lucis* « *æternæ.* »

Pendant ce temps, du fond de la sentine monte un drapeau hideux sur lequel on lit ces trois mots : ATHÉISME, SATAN, NÉANT ; et l'on trouve des blasphémateurs, en cette seconde moitié de notre siècle, pour s'écrier : « Quiconque reconnaît Dieu s'oppose au progrès du monde. Le

Christ a manqué sa mission en refusant d'adorer Satan pour continuer d'adorer Dieu. *A moi donc, Lucifer, de porter ta parole !* Et ces blasphémateurs, ces prétendants à la mission de l'antéchrist, inspirés par leurs métaphysiciens, s'avancent, disent-ils, à la conquête sociale et intellectuelle du globe.

C'est dire que la lumière se fait. Les idées et les hommes se démêlent : les deux cités, les deux camps se séparent, les deux étendards se déploient. Chaque esprit voit ce qu'il choisit.

Aussi, je répéterai sans crainte ces mots de saint Grégoire de Naziance : « Je vous engage à étudier « les sophistes, amplement et avec ardeur. » Savez-vous ce qu'on trouve aujourd'hui dans les sophistes? On y trouve, sur toutes les questions, une démonstration par l'absurde de toutes les vérités.

Par exemple, mon cher ami, je puis dire que j'ai découvert dans Hégel des choses merveilleuses. Hégel est un puissant esprit qui travaille à rebours. Platon a déjà remarqué que le sens du travail fait toute la différence du sophiste et du philosophe. Je vous ai cité, entre autres traits de ce génie renversé, son grand chapitre sur la métaphysique du calcul infinitésimal, qui, retourné, serait un chef-d'œuvre de profondeur et d'originalité, et fixerait peut-être cette difficile et importante métaphysique. Depuis dix ans je croyais, je l'avoue, avoir, le premier, aperçu le rapport précis qui existe entre la logique générale et la méthode infinitésimale. Quel a été mon étonnement, lorsque, il y a peu de mois, j'ai trouvé dans Hégel cette question traitée à l'envers,

> Caudâ in speluncam tractos, versisque viarum
> Indiciis raptos ,

cette question, dis-je, traitée à l'envers, mais amplement, et formant une démonstration par l'absurde de ma propre pensée sur ce sujet. Vous le comprendrez d'un mot. Toute la métaphysique du calcul infinitésimal se réduit à une seule question : Qu'est-ce que l'élément infinitésimal ? Hégel répond : C'est l'élément géométrique pris au moment où, étant encore, il n'est déjà plus, et parvient à l'identité de l'être et du néant. Voilà le contraire précis de ce que dit Leibnitz, qui répond : C'est l'élément indivisible et infini correspondant à l'élément géométrique fini : *Analysis indivisibilium seu infinitorum.* Leibnitz voit l'infini où Hégel aperçoit le néant. Leibnitz va du fini à

l'infini : c'est la marche de la Philosophie; Hégel
va du fini au néant : c'est la marche de la Sophistique. Or, avant d'avoir lu Hégel sur ce point, je
savais, et je l'avais dit, qu'il prendrait ainsi la
question s'il y entrait. Mais je n'espérais pas ren-
contrer en effet cette curieuse réalisation.

Ainsi donc, le travail de séparation des deux
doctrines, affirmation universelle du vrai, et négation universelle du vrai, est maintenant opérée
jusque dans des détails très-délicats. Hégel va
même si loin sur certaines lignes, que, chez lui,
des erreurs nouvelles nous signalent, par contraste, des vérités nouvelles à découvrir.

De ce point de vue, l'étude de la philosophie
va, je l'espère, redevenir féconde et profondément
salutaire. Constater cette magnifique séparation
des ténèbres et de la lumière : voir d'un côté le
Christianisme et la philosophie, unis comme la
Foi et la science dans une grande âme qu'habi-
teraient ensemble le génie et la sainteté ; voir de
l'autre côté la Sophistique contemporaine ramas-
sant dans son athéisme, comme principe et comme
centre, l'ensemble de toute négation, de tout mensonge et de toute folie : c'est un spectacle et un
enseignement que l'éducation peut et doit aujour-

d'hui, par de fortes études philosophiques, offrir à toute intelligence qui entre dans la vie.

Vous le savez, cher ami, il y a déjà bien longtemps que je travaille la philosophie dans ce but. Vous êtes le premier homme qui ayez encouragé ce travail efficacement. C'est à vos énergiques exhortations que je dois le prochain achèvement de l'œuvre philosophique à laquelle j'ai déjà consacré tant d'années. Je n'aurai pas perdu ma vie, si je parviens à faire pénétrer ces vérités dans l'enseignement.

Je ne regrette donc pas la polémique présente qui m'a permis d'entamer la question, et de l'offrir à quelques esprits attentifs dans sa vivante réalité.

Et pourtant, il faut l'avouer, la guerre est toujours triste. On peut parler froidement de la séparation des idées en deux camps, dont l'un possède la vérité, et dont l'autre la nie. Mais peut-on parler froidement de la séparation des hommes en deux camps irréconciliables? Peut-on considérer sans épouvante les âmes comme formant deux races, entées sur deux principes contraires, selon le jugement fondamental que chacune dans ses profondeurs porte pour Dieu ou contre Dieu: jugement qui l'attache à Dieu ou l'en sépare: jugement radical sur lequel le travail ni la guerre ne font rien, ne pouvant que pousser chaque esprit dans la direction qu'il avait : quoi qu'on fasse, l'immobile jugement subsiste; plus on l'agite, plus on le frappe, plus il s'enfonce et s'affermit.

C'est là l'épouvantable vérité qu'entrevoyaient ceux qui ont abusé du mot de *prédestination*. A observer les âmes de près, on y trouve, en effet, je ne sais quel fond immuable, je ne sais quel ineffaçable caractère qui déconcerte. On les voit avancer dans la vie, chacune se développant comme un germe qui expose ce qu'il recélait: tantôt l'erreur, le désordre et la mort; tantôt la vérité, la vertu, la croissance en Dieu.

Que faisons-nous donc, nous qui luttons par la parole et qui combattons par l'esprit, si les esprits sont ainsi fatalement séparés? Agissons-nous seulement sur les idées, mais jamais sur les hommes? Toute conquête est-elle donc impossible?

Grâce à Dieu, il n'en est pas ainsi. Il y a une autre force que la guerre, il y a la paix.

Notre Seigneur Jésus-Christ qui a dit : J'apporte le *glaive*, ce qui consacre la guerre intellectuelle, a dit surtout, j'apporte la paix : « Je vous laisse « la paix, je vous donne ma paix. » Et il répète:

« Heureux les pacifiques, heureux ceux qui sont
« doux, *parce qu'ils posséderont la terre !* » Le
glaive démêle, mais la douceur du Christ, la paix
du Christ conquiert, possède. Seulement il faut
bien savoir ce qu'est la paix du Christ.

Il y a, dans l'Église du Christ, une force d'a-
mour surnaturelle et infinie, qui unit en un cœur
et une âme toutes les âmes rattachées, et qui a le
pouvoir de réunir en ce même cœur toutes les
âmes séparées. Cette force qui opère en Dieu ce
qui est impossible à l'homme, suffit à conquérir
toutes les âmes des deux camps, sans une seule
exception. Cette force, ou plutôt celui qui la donne,
c'est la paix. « Il est lui-même la paix. *Et erit iste*
« *pax.* » Chacun de nous peut emprunter quelque
chose de cette force par la prière, par la volonté,
par la vie. Par cette force on peut conquérir. Par
elle le jugement radical d'une âme, d'abord faux
et pervers, s'ébranle, se retourne vers Dieu, et
l'esprit change sa direction fondamentale. C'est
ce que nous nommons la *conversion.* Seulement,
dans ce monde d'esprits libres, tout esprit a le pouvoir de résister ou de céder : plusieurs cèdent et
plusieurs résistent. En tout cas, c'est là la force, et
c'est la seule qui puisse changer les âmes. Mais elle

existe, elle est donnée. C'est celle dont il faut nous servir pour attirer à Dieu les hommes *bons* et *mauvais,* comme le dit l'Évangile.

Fénelon parlait de cette force quand il disait : « C'est en ce centre que se touchent les « hommes de la Chine avec ceux du Pérou. » Ils parlaient aussi de cette force, ceux de nos frères séparés qui vous disaient, il y a peu de temps : « Nous avons perdu Newmann et Manning, parce « que vous avez prié pour les attirer plus que nous « pour les retenir. Les catholiques prient plus que « nous. » Ceux qui parlaient ainsi avaient la connaissance de la force.

Il faudrait, mon cher ami, pour exercer aujourd'hui une influence réelle et considérable sur les esprits, que la science sût prier, *se tourner à aimer,* comme dit Bossuet, prendre un cœur et puiser par ce cœur, en Dieu, les forces pacifiques qui retournent les intelligences, comme l'aimant retourne l'aiguille artificiellement détournée.

Il faudrait que la science comprît ce mot du Christ : « Lorsque deux ou trois d'entre vous s'unis« sent en mon nom sur la terre, je suis au milieu « d'eux. » Nous-mêmes, catholiques de ce temps, nous ne comprenons pas assez ce mot dans l'ordre intellectuel. Nous sommes bien unis par la foi, mais non pas assez par la science ; et, sous ce rapport, nous flottons encore, comme les autres, dans l'enfance de l'esprit : *sicut parvuli fluctuantes.* Les sciences diverses ne sont pas assez rassemblées, et le petit nombre de ceux qui pensent est trop peu réuni. Que si déjà les vérités s'assemblent par leur naturelle attraction, les esprits, même les meilleurs, sont encore beaucoup trop dispersés. Pourtant l'erreur nous donne l'exemple : la voici qui découle franchement toute entière vers la sentine qu'elle s'est creusée. Rassemblons-nous de même vers le sommet où le Verbe divin nous prépare le lieu , et attire tout à lui ; que les aigles s'assemblent où est le corps ; que les croyants qui pensent, parviennent à penser en commun, et s'unissent dans l'intelligence : et bientôt le Verbe éternel sera au milieu de nos sciences et au milieu de nos esprits : un résumé nouveau de la pensée humaine, uni à Dieu et plein de Dieu, formera un faisceau de lumière et un jour nouveau pour l'Europe, après cette nuit philosophique d'un siècle, où nous nous agitons encore sans avancer. La communion intellectuelle, bénie de Dieu, opérera ce que de Maistre attend en vain de quelque

homme de génie, qui saurait, dit-il, en allant jusqu'au fond des sciences, les traverser jusqu'au
point central où elles touchent Dieu, et les unir à
la Théologie.

Quant à moi, je crois voir, comme de mes yeux,
que le premier effort dévoué, humble et persévé-
rant qui sera tenté, dans ce sens, par plusieurs hommes unis, peut amener des résultats inattendus,
et entraîner le siècle.

Il y a devant nous une moisson mûre : on
peut la récolter.

Vous voyez que la philosophie est mûre ; que le
temps est venu où l'on y peut démêler le bon grain
et arracher l'ivraie, comme le veut l'Évangile, sans
arracher le blé. La Sophistique et la Philosophie
ont leurs racines clairement séparées, leurs tiges
distinctes. Cueillez, mettez à part, liez en
gerbes l'une et l'autre ; et l'ivraie sophistique, qui
jusqu'ici étouffait la moisson de l'esprit, va lui
laisser toute sa puissance, pendant qu'elle-même,
trouvant sa place et ses usages, comme l'ivraie du
blé dans le feu, servira la Philosophie en la dé-
montrant par l'absurde, et, en se détruisant elle-
même, glorifiera la vérité.

Un autre signe de maturité, dans notre époque,

c'est le dégoût de la philosophie abstraite et le besoin de la philosophie *réelle* qu'éprouvent tous les esprits. J'appelle philosophie réelle la philosophie *appliquée*, ou la philosophie rendue féconde par ses alliances. Qui est-ce qui, aujourd'hui, s'intéresse au *philosophique pur*, comme parle Bossuet? Le besoin, la mission intellectuelle de ce siècle, s'il en a une, c'est la *science comparée*. On veut que la philosophie sonde l'histoire, la société, pénètre la nature, et qu'elle s'unisse à tout. Si l'on savait de plus qu'elle peut et doit s'appliquer et s'unir à la théologie, tout en restant distincte, comme le savait et comme le pratiquait le plus puissant des philosophes et des théologiens, on tiendrait toutes les bases de cette *science comparée* que l'on cherche, et l'on saurait comment toutes les vérités s'assembleront vers un même sommet, qui est Dieu.

Et remarquez, sur ce point même, un autre signe de maturité : c'est qu'il n'y a plus deux théologies dans le monde. Il n'y en a plus qu'une, la théologie catholique. Les théologies orientales sont jugées ; scientifiquement, il n'y a plus de protestantisme. Il n'y a plus de protestants que ceux qui couvrent leurs yeux d'un voile pour ne pas voir l'histoire, pour ignorer les résultats visibles de la lutte. Il n'y a donc plus sur le globe, pour ceux qui pensent, deux religions. Il y a la religion totale, universelle, qu'on accepte ou que l'on rejette en entier : grand signe de maturité.

Voici un autre signe trop peu remarqué. C'est que la possibilité de la science comparée ou de la science totale, n'est donnée que depuis un siècle et demi. La science totale, qui est à la fois divine, humaine et naturelle, et qui par là est proprement, comme le disait Ollier, la vraie science des Chrétiens, n'est possible enfin que pour nous. Les derniers grands efforts de la pensée des hommes vers ce but ont produit le xiiie siècle, représenté surtout par saint Thomas d'Aquin, et le xviie siècle, représenté par sa pléiade de génies créateurs. Le xiiie siècle manquait d'un élément fondamental, la connaissance du monde visible ; cet élément est apporté, créé par le xviie siècle, qui commence en effet l'œuvre de la science comparée. Interrompu par la nuit intellectuelle du dernier siècle, le travail peut reprendre aujourd'hui.

Tous les éléments sont donnés : la théologie est unique et fixée ; la philosophie se dégage de l'ivraie sophistique qui s'y mêlait sur tous les points, et

en paralysait la vie. Enfin, le troisième élément,
la connaissance de la terre, nous est acquis. Et ceci
est une nouveauté qui permet à l'esprit humain
d'essayer un élan nouveau. On ne pense pas assez
qu'il y a trois siècles, la forme de ce globe n'était
pas même connue ; l'architecture céleste n'était
pas soupçonnée ; tout l'intérieur du corps humain,
dont on a décrit aujourd'hui les dernières fibres,
était voilé ; les merveilles de l'électricité restaient
cachées ; ces multitudes qui vivent autour de
nous, sous toutes les formes, n'avaient jamais été
comparées ni classées. Enfin, ce que l'on a nommé
le levier scientifique, l'irrésistible scrutateur des
lois les plus subtiles de la nature, le calcul
infinitésimal, ne remonte qu'à un siècle et demi.
Donc, pour la première fois l'esprit humain a
fait le tour du monde, et la totalité terrestre
est aperçue. Il est clair qu'avant cette époque la
science totale ne pouvait avoir lieu. Aujourd'hui
un effort nouveau peut fonder l'encyclopédie véritable.

Je ne dis rien de la ressource scientifique principale que le Christianisme nous donne. Ceci serait difficilement compris. Je dis seulement qu'il
y a pour l'homme un état de vie intérieure, saint

et vrai, ardent et humble, chaste et clairvoyant,
libre d'orgueil et d'illusion, que le contact formel
de Dieu peut seul donner : état d'âme sans lequel
l'ère sacrée de la science n'est pas possible. La
science totale, à la fois divine et humaine, demande
cette vie totale de l'âme, à la fois divine et humaine,
que l'intervention efficace, intérieure du Christianisme apporte seule. Les chrétiens vivant de la
substance infime du Christianisme, peuvent seuls
faire la moisson des sciences.

Bacon a fort bien comparé la vraie science au
travail de l'abeille, et la science sophistique,
comme il la nomme, au vain travail de l'araignée,
qui tire d'elle-même, d'elle seule, la substance de
son œuvre. Seulement il ne remarque pas que l'a-
beille, en recueillant le suc des fleurs, y puise, à
laf ois, la rosée qui descend du ciel, et la séve qui
monte de la terre. Bacon croyait que tout vient
de la terre. C'était oublier le soleil, la chaleur, la
lumière, l'électricité, l'air vital, et ces larmes ra-
fraîchissantes du recueillement des nuits, tout cet
ensemble venant d'en haut, et que les poètes nomment rosée du ciel : *aerii mellis cœlestia dona*. Il
faut, pour le miel, ces trois choses : rosée du ciel,
suc de la terre, travail d'abeille. Il faut de même,

pourl a vraie science, une base céleste, une base terrestre, et une intelligence capable des deux. Aujourd'hui les deux bases sont données : l'une est la vie du Christianisme et sa doctrine, rosée du ciel ; l'autre est l'ensemble de travaux modernes, suc de la terre. Les abeilles peuvent se mettre à l'œuvre ; qu'on leur laisse seulement quelque paix et quelque liberté.

Dieu veuille montrer ces choses plus clairement à tous ceux qui les entrevoient, et les mettre au cœur de tous ceux qui aiment la vérité! Puisse cette lumière et cet appel du Père accroître le nombre des ouvriers dans le champ de la science sacrée, pour en moissonner les trésors, pour balayer de la face de l'Europe la perversité sophistique, et reléguer cette haine de la vérité dans les ténèbres des sociétés secrètes, ou dans l'isolement de la folie privée.

PIÈCES JUSTIFICATIVES.

RÉPONSE

De M. Vachérot au journal l'Univers.

Monsieur le Rédacteur,

Mon intention n'était pas de livrer aux discussions de la presse quotidienne des questions qui devraient toujours rester dans les régions plus calmes de la science. D'ailleurs, les procédés de l'auteur d'une lettre publiée contre moi, et dont vous donnez des extraits, le ton de sa critique et sa manière de discuter, ne me permettaient guère de répondre. Mais je dois à l'école Normale, à l'Université, à la philosophie, de relever certaines accusations, quel qu'en soit le caractère ; et je veux les examiner avec la même modération, avec le même calme, que si l'on eût observé à mon égard la politesse qu'il ne faudrait jamais oublier entre hommes qui se respectent. Ma réponse, heureusement, est tout entière dans mon livre, dont il me suffira de rétablir le sens et de rappeler les textes.

On commence par me faire dire que la doctrine chrétienne est une sorte de plagiat du Néoplatonisme. Et c'est cette thèse *désespérée* que j'aurais essayé de soutenir, malgré l'évidence des faits et des textes, et qu'on se donne la peine de réfuter. Peine bien inutile ! car mon livre n'en dit pas un mot. Loin de là, on trouve dans le 3ᵉ volume, page 7 : « Il suffit de bien connaître le Christianisme et le Néoplatonisme , leurs antécédents , leurs traditions, leurs instincts divers, leur lutte , pour ne *prendre au sérieux ni l'opinion qui rattache le Christianisme au Néoplatonisme* , etc. » Les phrases de mon livre, citées dans la *Lettre* , à l'appui du reproche qu'on me fait d'avoir fait sortir le Christianisme de la philosophie néoplatonicienne, prouvent les communications de la Judée avec Alexandrie et le monde grec, rien de plus. Voilà un premier exemple de cette critique qui me prête une thèse fausse, pour me réfuter plus à l'aise.

J'ai affirmé un progrès de la doctrine chrétienne, de saint Pierre et de saint Jacques à saint Paul, et de saint Paul à saint Jean, et j'ai résumé ce progrès dans la formule suivante, qui n'a pas été comprise, malgré la clarté des explications qui l'accompagnent : « La *loi* dans saint Pierre, la *foi* dans saint Paul, l'*amour* dans saint Jean. » On me répond que les mots de *foi* et d'*amour* se trouvent également chez les trois apôtres. Je le savais, et n'ai point oublié les belles paroles de saint Paul sur la charité. Seulement, il ne s'agit point des mots, mais des doctrines. N'y a-t-il pas dans saint Paul, sous le mot *foi*, toute une doctrine clairement développée? N'y a-t-il pas dans saint Jean une autre doctrine également explicite, sous le mot *amour?* C'est là ma thèse. Il ne faut pas équivoquer sur les mots. Or, sur ce point, je renvoie surtout aux Épîtres de saint Pierre, de saint Jacques, de saint Paul, de saint Jean, et à l'Évangile de ce dernier. Si, après la lecture impartiale de ces monuments, on trouve qu'il n'y a rien de plus, quant à la doctrine, dans saint Paul que dans saint Pierre, dans saint Jean que dans saint Paul, je passe condamnation.

Mais laissons ces équivoques et entrons dans la véritable discussion. J'ai affirmé, dit-on, dans mon livre que saint Jean avait le premier conçu et nettement présenté le Fils de Dieu comme Dieu lui-même. C'est vrai, et voici mes raisons. La doctrine constante de saint Paul, qui reparaît en cent endroits de ses Lettres, c'est que Dieu est le Père et que le Fils est le Seigneur (le maître). Il n'y a presque pas de chapitre où cette distinction ne soit exprimée en ces termes : « Dieu notre Père et Notre-Seigneur Jésus-Christ. » Je ne citerai qu'un texte : « Il n'y a pour nous qu'un seul Dieu, qui est le Père, de qui toutes choses tirent leur être, et qui nous a faits pour lui ; et il n'y a qu'un seul Seigneur, qui est Jésus-Christ , par qui toutes choses ont été faites et par qui nous sommes. » (Ép. i aux Corinth., ch. 8.) S'il n'y a qu'un Dieu, qui est le Père, le Fils n'est donc pas Dieu. Il n'y a pas moyen d'échapper à la conclusion. Remarquez que saint Paul ne dit pas le *vrai* Dieu, Dieu par *essence*, comme parleront plus tard saint Justin et Origène ; il dit simplement Dieu. Nulle part dans ses Lettres il n'est question de la célèbre distinction de la divinité par *essence* et de la divinité par *participation*. Cette formule appartient à la théologie grecque.

Que s'il existe des textes qu'on puisse opposer à cette doctrine de saint Paul, c'est une contradiction qui ne me regarde pas, et j'ai le droit de m'en tenir à la doctrine générale, malgré quelques textes exceptionnels, ainsi que le fait toute saine critique. Mais, après nouvel examen, j'ai peine à croire à une contradiction. En preuve de la divinité de Jésus-Christ, l'auteur de la *Lettre* cite le texte suivant, qui prouve justement le contraire de ce qu'il avance : « Mais depuis que la bonté de Dieu notre *Sauveur* et son amour pour les hommes a paru... » De ce qu'habituellement c'est Jésus-Christ qui est appelé *Sauveur* dans les Lettres de saint Paul, on croit pouvoir conclure qu'il s'agit de lui dans ce passage. Mais qu'on lise le reste de la phrase : « Il nous a sauvés, non à cause des œuvres de justice que nous eussions faites, mais à cause de sa miséricorde, par l'eau de la renaissance et par le renouvellement du Saint-Esprit qu'il (Dieu) a répandu sur nous avec une riche effusion par Jésus-Christ notre Sauveur; » et l'on reconnaîtra qu'il est impossible de tirer de ce passage, qu'on aura probablement cité par distraction, la preuve qu'on y cherchait. Cet autre texte : « Expectantes adventum gloriæ magni Dei, et salvatoris « nostri Jesu Christi (Epist. ad Tit., c. 2) », n'est pas concluant, la traduction de Sacy étant contestable. Ce troisième texte : « In Christo Jesu « inhabitat omnis plenitudo divinitatis *corporaliter* (Epist. ad Coloss. « c. 2) », ne signifie pas du tout que Jésus-Christ est Dieu. Autrement, le mot *corporaliter* resterait inexplicable. Comment Jésus-Christ serait-il Dieu, même corporellement? C'est précisément parce que la divinité habite en Jésus-Christ, qu'il ne faut pas dire qu'il est Dieu. Dirait-on cela du Père? Voici un quatrième texte très-obscur, souvent cité en faveur de la divinité de Jésus-Christ : « Qui cùm in formâ Dei esset, non « rapinam arbitratus est esse se æqualem Deo. » Traduire *in formâ Dei* par *formellement Dieu*, comme le fait l'auteur de la *Lettre*, c'est trancher la difficulté par un contre-sens. Le mot grec se prête encore moins que le mot latin à cette traduction. Les formules d'Aristote ne peuvent jamais intervenir dans la théologie chrétienne sans en obscurcir ou en fausser la pensée. Saint Thomas, malgré toute sa sagacité, en a fait plus d'une fois l'expérience. Ici le vrai sens des mots *cùm esset in formâ Dei* me semble être celui-ci : Existant ou consistant dans la forme de Dieu, c'est-à-dire, selon le mot grec, dans l'image, dans la représentation parfaite, *égale, æqualem Deo.* Il y a dans le passage entier une opposition marquée entre *forma Dei* et *forma hominis*, et la pensée de saint Paul me paraît être celle-ci : Lui qui est la forme, c'est-à-dire l'image parfaite de Dieu, s'est abaissé jusqu'à revêtir la forme humaine. Cette interprétation est d'ailleurs tout à fait conforme à la doctrine de saint Paul, qui dit : « Qui est imago Dei invisibilis, primogenitus omnis creaturæ. » (Epist. ad Coloss., c. 1.) Le sens rigoureux du grec, que je regrette de ne pouvoir citer, est : « L'image du Dieu invisible, premier né de *toute la* « *création* » (en d'autres termes la première créature de Dieu).

Reste un texte bien connu : « Christus qui est super omnia Deus bene-« dictus in sæcula. » (Epist. ad Rom., c. 9.) Mais on sait que l'authenticité de ce passage a été mise en doute, et qu'Erasme y supprimait la divinité de Jésus-Christ par une simple différence de ponctuation. En tout cas, un texte unique ne peut prévaloir contre une interprétation qui repose sur une multitude d'autres passages, ou plutôt sur la doctrine de saint Paul tout entière.

On doit comprendre maintenant pourquoi, sur ce point de la divinité de Jésus-Christ, j'ai dû voir un notable progrès de saint Paul à saint Jean. Cette divinité dont il est fait mention clairement une seule fois dans saint Paul à côté de tant de textes qui prouvent le contraire, saint Jean la proclame, au début de son Évangile, dans le chapitre même qui résume sa doctrine. Toutefois, de saint Jean au Concile de Nicée, il y a loin. Dans la doctrine du mystique disciple de Jésus, il ne faudrait pas voir encore l'égalité substantielle des deux Personnes divines. Ici la présence ou l'absence de l'article, appliqué au mot *theos*, devient très-significative.

Voilà pour la divinité du Christ. Quant à celle du Saint-Esprit, on veut bien reconnaître que mes erreurs sont moins graves. Que dira le public de cette manière de convenir qu'on n'a pas un seul texte sérieux à m'opposer ?

Avant de quitter cette question de la doctrine des apôtres, un mot sur saint Pierre. L'auteur de la *Lettre* me reproche d'avoir dit : « Comme l'Église de Jérusalem, saint Pierre veut qu'on soumette les étrangers à la circoncision et aux diverses pratiques de la loi de Moïse. » Et il prétend m'embarrasser avec un texte des Actes des Apôtres, qui prouve que saint Pierre s'est montré aussi contraire que saint Paul à la circoncision des Gentils. Oui, saint Pierre a pu, à une certaine époque, être contraire à cette pratique; mais il faut qu'il ait bien changé de sentiment sur cette question; car voici ce que dit saint Paul : « Céphas (saint Pierre) étant venu à Antioche, je lui résistai en face, parce qu'il était répréhensible. Car, avant que quelques-uns, qui venaient d'avec Jacques, fussent arrivés, il mangeait avec les Gentils ; mais, après leur arrivée, il se retira et se sépara d'avec les Gentils, ayant peur de blesser les circoncis. Les autres Juifs usèrent de cette dissimulation, et Barnabé lui-même (le propre disciple de saint Paul) s'y laissa entraîner. Mais quand je vis qu'ils ne marchaient pas droit, selon la vérité de l'Évangile, je dis à Céphas, devant tout le monde : « Si vous, qui êtes Juif, vivez comme les Gentils et non comme les Juifs, pourquoi contraignez-vous les Gentils de *judaïser?* » (Ep. aux Galat.) Ce passage, que l'auteur de la *Lettre* fera bien de méditer, justifie la phrase sur laquelle il m'a attaqué.

J'ai hâte de sortir des livres saints. Ce n'est pas moi, je le répète, qui aurais eu la pensée de jeter dans la polémique des journaux la parole du sanctuaire. J'aurais mieux aimé qu'elle restât un objet de profondes méditations pour le philosophe et le théologien. Malheureusement ma tâche n'est pas finie.

On me fait dire que saint Justin n'a connu ni le dogme de la Trinité, ni celui de la divinité de Jésus-Christ. C'est toujours le même procédé de critique, qu'apprécieront les lecteurs attentifs de mon livre. On m'attribue des thèses qui ne sont pas ou ne sont qu'à moitié les miennes ; on les réfute d'une façon triomphante, et puis on dit : Vous voyez ce qui reste de ce livre. Et pourtant, s'il y a une science où il faille se défier des thèses absolues, des contradictions apparentes; où l'on ne puisse trop tenir compte des nuances les plus subtiles et les plus imperceptibles de la pensée, c'est la théologie chrétienne. Ainsi, par exemple, on me reproche d'avoir fait tour à tour affirmer et nier par saint Justin la divinité de Jésus-Christ. Or, pour qui a lu avec soin la page 230 de mon premier volume, la contradiction n'est qu'apparente. Saint Justin affirme bien que le Verbe, premier né de Dieu, est lui-même Dieu. Mais il dit aussi : « Plaçant au deuxième rang le Fils de celui qui est Dieu par essence...» (Apol. prim., 51). Si le Père est Dieu par *essence*, le Fils ne peut l'être que par *participation*. Donc le Verbe est Dieu en un sens et n'est pas Dieu dans l'autre. Les deux affirmations peuvent donc parfaitement se concilier, soit dans saint Justin, soit dans mon livre, et j'ai eu raison de dire : « Dieu, le Verbe, l'Esprit, y sont (dans saint Justin) non point encore trois Hypostases d'une seule et même nature divine, mais simplement trois principes inégaux en nature et en dignité, dont le premier seul est Dieu. » Voilà ce qu'il eût fallu chercher à comprendre, au lieu de subtiliser et de soutenir qu'il ne s'agit ici que d'une simple subordination des personnes. Le mot de saint Justin est décisif : Le Père seul est Dieu par essence.

Ici cependant il y avait apparence de contradiction, et je pardonne à l'auteur de la *Lettre* de s'y être mépris. Mais comment a-t-il pu m'adresser la même critique, à propos de cette phrase : « Sur la divinité de Jésus-Christ, saint Justin ne s'explique pas formellement », phrase que mon adversaire oppose à celle où je dis que saint Justin affirme la divinité du Christ ? Rien de plus simple que d'accorder ensemble ces deux passages. Dans l'un, il est question du Verbe, dans l'autre de Jésus-Christ, c'est-à-dire du Verbe incarné. Où est la contradiction ? Il est piquant qu'on ait commis en cet endroit la confusion qu'on me reprochera plus tard, à propos d'Origène, avec aussi peu de vérité et de mesure.

Quant à la doctrine de saint Justin sur la création, je déclare, après une nouvelle vérification des textes, persister dans mes assertions. Il est bien vrai que saint Justin cite Moïse et Platon ; mais il se garde de nier la doctrine d'une matière préexistante, derrière laquelle il rencontre l'autorité de Moïse. Voici sa phrase : « Ainsi, que l'univers entier ait été engendré par la parole de Dieu d'éléments préexistants et désignés ci-dessus par Moïse, c'est ce que Platon et nous-mêmes avons appris, et vous pouvez y ajouter foi. » (Apol. prim., 59.) N'est-ce pas là une adhésion, quoi qu'en dise le commentateur de saint Justin, qu'il faut bien se garder de croire sur parole ?

Je n'aime pas les représailles, et je n'éprouve aucune joie à me servir des armes que la distraction d'un adversaire a pu laisser tomber dans mes mains. Je dirais volontiers : Que celui qui est sans péché lui jette la première pierre ! J'ai moi-même commis une erreur sur saint Justin, en confondant, à propos d'un texte, sa propre doctrine avec une opinion qu'il réfute. Cependant que l'auteur de la *Lettre* me permette à mon tour de le citer : « Au lieu de cela, saint Justin, à propos des paroles de Moïse que vous citez, déclare que Platon les a lues, mais ne les a pas comprises, puisqu'il a cru voir une matière préexistante dans cette terre invisible et incomposée de Moïse. » Puis : « Au même livre, saint Justin reproche encore à Platon d'avoir fait la matière éternelle et incréée, et il définit l'idée précise de la création en distinguant le créateur du démiurge. » Et enfin : « Loin de vouloir concilier Platon et la Genèse sur ce point, saint Justin attaque à ce sujet Platon de la manière la plus dure, lui reprochant de mentir et de contredire en faisant la matière éternelle...... Vous voyez que vous attribuez à saint Justin, toujours par suite des plus étranges méprises, sur quelques textes que vous ne lisez pas attentivement, une opinion contraire à la sienne. » Paroles imprudentes que regrettera mon adversaire, quand il aura relu saint Justin ! C'est lui-même et lui seul qui se trompe ici. Il a eu le malheur de s'en tenir à l'*introduction* de la Congrégation de Saint-Maur, au lieu de chercher dans les textes mêmes (pages 22, 23, 29, Cohort.) la doctrine de saint Justin. Autrement, comment aurait-il fait un contre-sens perpétuel sur des pages dont la parfaite clarté ne permet pas le moindre écart d'interprétation ? Rétablissons la vraie pensée de tout ce développement. Nulle part saint Justin n'a résolu positivement le problème encore indécis d'une matière préexistante. Ce que l'auteur de la *Lettre* prend pour le principe matériel, dans le texte de ce Père, c'est le principe contraire, l'éternel, l'immuable, les idées, Dieu. Après avoir longuement parlé de la doctrine de Platon sur la création des *dieux mortels*, et beaucoup insisté sur la distinction de l'éternel et du périssable, de l'immuable et du mobile, qui est le fondement de la philosophie de Platon, saint Justin ajoute : « Platon dit clairement et ouvertement que celui-ci (l'Être immuable) est inengendré et éternel, et que ceux-là (les dieux mortels) ont été créés et engendrés. » (Cohort. 22 et 23.) Cette distinction du démiurge et du créateur, que l'auteur de la *Lettre* applique au monde matériel, et par laquelle il prétend démontrer (toujours d'après l'*introduction* de la Congrégation de Saint-Maur), que saint Justin a professé la doctrine de la création *e nihilo*, ne s'applique en réalité, dans le texte grec, qu'à la création des dieux mortels. Et le reproche continuel que saint Justin fait à Platon, c'est d'avoir supposé, d'après Moïse et en le comprenant mal, non pas une matière préexistante, comme dit mon adversaire, mais un principe intelligible, les Idées, d'après lesquelles Dieu aurait formé le monde. Critique singulière, et qui, pour le dire en passant, ne donne pas une haute idée ni de l'érudition, ni même de l'intelligence philosophique de saint Justin.

J'ai vraiment honte de voir une des plus hautes questions de la théologie, l'histoire de la formation du dogme, rabaissée ainsi aux proportions d'une érudition de détail qui tombe elle-même dans les erreurs dont elle m'accuse. Puisqu'on réservait au public le spectacle d'une lutte théologique, au moins fallait-il le lui donner digne et imposant.

Mais laissons saint Justin. Sur Athénagore, je ne sais vraiment comment satisfaire l'auteur de la *Lettre* ; j'ai précisément cité ou extrait les passages qu'il reproduit, en montrant comment ce théologien essaie de définir déjà avec plus de précision la relation du Fils au Père. Seulement il ne faut pas trop demander, ni vouloir, par exemple, que tout le symbole de la Trinité se retrouve dans cette phrase : « Le Fils de Dieu est le Verbe du Père, son idée et son opération. Tout a été fait en lui et par lui. Le Père et le Fils sont un ; le Père est dans le Fils, le Fils est dans le Père, dans (il faut dire par) l'unité et la vertu du Saint-Esprit. » (Legat. pro Christ., § 10.) C'est fort bien pour la divinité du Fils. Encore n'est-il pas question de l'égalité substantielle des deux Personnes. Mais où trouve-t-on dans ce texte la divinité du Saint-Esprit ?

On me demande comment j'ai pu attribuer à Athénagore l'opinion que le monde est le corps de Dieu. Voici la phrase sur laquelle j'ai fondé mon assertion : « Soit que, comme le dit Platon, le monde soit l'œuvre de Dieu, et alors, admirant l'œuvre, je m'élève vers l'ouvrier ; soit que le monde soit la substance et le corps de Dieu, comme le prétendent les Péripatéticiens.... (p. 292) » : ce qui veut dire qu'Athénagore ne repousse aucune de ces deux doctrines. Quant à la doctrine péripatéticienne (il faut dire stoïcienne), elle n'est pas directement contredite par cette phrase qu'on m'oppose : « Le monde a été fait par Dieu. Dieu n'en avait pas besoin. Le monde est une maison, un instrument. »

Dans mon analyse de Tertullien, on relève la phrase suivante : « Dieu s'est révélé aux hommes dans la personne du Verbe. Cette révélation n'est pas adéquate à la nature même de Dieu. » Cette assertion, contre laquelle on allègue des textes concluants, je le reconnais, n'en reste pas moins fondée sur d'autres textes tout aussi décisifs. J'en ai cité un (Cont. Prax., 14), auquel on n'a pas pris garde. En voici un autre encore plus explicite : « Pater enim tota substantia est, Filius verò derivatio totius et « portio, sicut ipse profitetur : Quia pater major me est. A quo et mino- « ratus canitur in Psalmo, modicum quid, citra angelos. Sic et Pater « alius a Filio, dum Filio major. » (Cont. Prax., 9.) Il était si difficile de se faire, sur la relation des trois Personnes, une opinion précise, et de s'y tenir constamment, qu'il n'y a peut-être pas un Père de l'Église qui n'ait varié sur ce point, avant le Concile de Nicée. L'esprit si ferme de Tertullien lui-même succombe à cette difficulté.

Je maintiens, avec l'appui des textes, cette autre phrase de mon analyse de Tertullien : Le Verbe n'est pas la raison même de Dieu ; il en est, comme l'indique le mot *sermo*, l'expression, la production extérieure.» La distinction de *ratio* et de *sermo* est réelle et sérieuse dans Tertullien, quoi qu'on en dise. « Ideoque jam in usu est nostrorum, per simplicita-
« tem interpretationis, sermonem dicere in primordio apud Deum fuisse,
« cùm magis rationem competat antiquiorem haberi ; quia non sermo-
« nalis a principio, sed rationalis Deus etiam ante principium ; et quia
« ipse sermo, ratione consistens, priorem eam ut substantiam suam os-
« tendat. » (Cont. Prax., 5.) Tertullien ajoute, il est vrai, que la parole, *sermo*, avant son émission, préexistait déjà dans la raison ; mais il n'en distingue pas moins la raison de la parole, et il affirme la priorité de l'une sur l'autre. Quant à la doctrine théologique de Tertullien, assurément elle est plus nette, plus précise, plus catégorique que tout ce qui la précède. Ce serait une grave erreur, toutefois, de croire qu'elle est identique avec celle du Concile de Nicée. Les formules se ressemblent, mais les explications diffèrent profondément.

Sur saint Clément d'Alexandrie, l'auteur de la *Lettre* se borne à relever ce qu'il appelle une contradiction. C'est sa méthode habituelle de détacher brusquement les textes de la page qu'ils occupent, et où leur sens est parfaitement clair, pour les rapprocher et en faire jaillir une opposition. Exemple, dans mon analyse des Docteurs alexandrins, on lit cette phrase : « Le Verbe est, en quelque sorte, la face même de Dieu, coéternelle et adéquate à sa nature (ce qui ne veut pas dire de même nature). » L'analyse terminée, je résume ce grand mouvement de la théologie chrétienne, et arrivant à l'époque où l'influence de la philosophie grecque va se faire sentir, je dis, page 298 : « La théologie chrétienne, tant qu'elle resta soumise aux influences de l'Orient, maintint le Verbe et l'Esprit-Saint en dehors de la nature divine. » Par *influence de l'Orient*, j'entends évidemment, la page entière le prouve, l'esprit judaïque, qui n'a jamais accepté le dogme de la Trinité. Les deux passages, quoi qu'on en dise, n'ont rien de contradictoire.

Sur Origène, encore une contradiction qu'on relève. Ici je suis un peu de l'avis du critique. Seulement il ne s'aperçoit pas que la faute en est tout entière à Origène, qui oscille continuellement entre la doctrine de *l'égalité substantielle des Personnes* et la doctrine contraire, dans laquelle le retient la logique. Quand on m'accuse de lui avoir prêté gratuitement, sans textes à l'appui, cette opinion que le Fils ne fait que participer à la nature du Père, cela laisse supposer qu'on n'a lu sérieusement ni Origène ni mon livre. Je n'ai pas cité un seul texte, c'est vrai ; j'en ai cité dix, tous décisifs. Origène consacre des pages entières à démontrer, à développer, à traduire en formules la distinction de la divinité par *essence* et de la divinité par *participation*. Il explique fort nettement que « le Père seul doit être appelé le vrai Dieu. » Partout il lui attribue exclusivement la divinité par *essence*. J'ai cité dans mon livre quelques-unes de ces expressions si nettes, si fortes, que la langue grecque lui fournit pour rendre sa pensée. J'y renvoie les lecteurs, et j'appelle surtout leur attention sur le texte du Comm. de saint Jean, p. 264, texte admirable de précision en grec, mais intraduisible dans une langue qui n'a ni l'article, ni tous ces mots composés qui expriment si bien les distinctions théologiques de ce genre. Et, qu'on le remarque bien, ce n'est point au corps ou à l'âme du Christ que s'applique cette distinction de la divinité par essence et de la divinité par participation, c'est au Verbe, à la seconde Personne de la Trinité, aussi bien qu'au Saint-Esprit. Il n'y a pas de doute à cet égard.

J'en ai fini avec la critique de l'auteur de la *Lettre*. Si l'intérêt et l'unité manquent à cette discussion, la faute en est au critique, qui s'est attaché aux détails plus qu'à l'ensemble et aux vues générales de mon livre. Je crois n'avoir laissé sans réponse aucune objection sérieuse. Je puis donc maintenir les textes, les analyses, les conclusions des chapitres discutés. Oui, j'affirme, les textes à la main, qu'il y a eu dans la doctrine chrétienne développement et progrès ; progrès de saint Mathieu et de saint Pierre à saint Paul ; progrès de saint Paul à saint Jean ; progrès de saint Jean aux apologistes, saint Justin, Athénagore ; progrès des apologistes aux théologiens alexandrins, saint Clément et Origène, sous l'influence manifeste de la philosophie grecque, jusqu'à la conclusion de ce grand travail, le Concile de Nicée. Que servirait-il de le nier ? Est-ce que les monuments ne sont pas là pour le dire ? Et d'ailleurs, que prouve ce changement, ce progrès, sinon que le Christianisme est une doctrine vivante, qui a grandi et s'est développée à la fois par sa vertu propre et par l'assimilation des doctrines extérieures ?

Quant aux erreurs de détail, inévitables dans une œuvre aussi longue que la mienne, j'ai dû en commettre, et mes amis m'en ont depuis long-temps signalé quelques-unes que je ferai disparaître dans une nouvelle édition. Je ne me crois pas infaillible; je laisse à d'autres cette orgueilleuse prétention.

Je borne ici ma défense. Pour la deuxième partie de la *Lettre* qu'on a publiée contre moi, ne voulant répondre qu'à une critique sérieuse, j'en appelle au jugement des lecteurs éclairés et impartiaux. Je ne veux citer qu'un exemple de l'abus qu'on peut faire de cette méthode de réfutation qui prend un texte au hasard, sans le rattacher à la suite des idées. L'auteur de la *Lettre* s'oublie jusqu'à laisser échapper ces étranges paroles : « Faut-il que ces honteux blasphèmes, non sous leur forme grossière, mais dans la plénitude de leur sens, se retrouvent dans votre livre, et que vous ayez pu écrire, en parlant des anomalies, des désordres, des monstres, que ce sont les erreurs et les faiblesses d'une puissance infinie, mais imparfaite, qui n'atteint pas toujours, qui ne peut même jamais atteindre complétement la perfection conçue par l'intelligence? » Il suffit de replacer la phrase dans la démonstration à laquelle elle appartient, pour voir que cette puissance, dont je signale les imperfections, n'est pas Dieu, mais la nature. Comment n'a-t-on pas lu, quelques lignes plus haut (p. 339) : « La nature, ainsi que l'a si bien dit Aristote, tend irrésistiblement au bien, mais elle ne l'atteint pas toujours ; elle hésite, elle dévie, elle s'égare même quelquefois, et manque complétement son but. Dé là les irrégularités, les accidents, les désordres, les monstres ; mais en présence de ces erreurs ou de ces défaillances de la nature, l'intelligence qui lui est supérieure la juge, la corrige, les regards fixés sur les types immuables du bien, du beau, de l'ordre. » Une pareille méprise sur un texte aussi clair et aussi grave me dispense de répondre à tout le reste de la critique.

Un dernier mot, toutefois, non de réponse, mais de protestation. Il y a une école de théologie qui voit l'athéisme partout, excepté chez elle, et cela, par un raisonnement que chacun connaît : tout rationalisme mène au panthéisme, tout panthéisme à l'athéisme; donc, c'est entre le catholicisme et l'athéisme qu'il faut choisir. Je pourrais assurément me résigner au sort commun, et me consoler d'être athée en si nombreuse et si honorable compagnie. Mais ce mot odieux est une calomnie que je ne puis laisser tomber sur mon livre sans protester. Il faut le dire à l'honneur de l'esprit humain et de la science : les athées sont rares. Ils ne peuvent sortir que d'une école matérialiste. Sait-on bien, en effet, ce que c'est qu'un athée? C'est un esprit grossier et borné, qui ne croit qu'au témoignage de ses sens; qui ne comprend, ne conçoit, n'imagine rien au delà des choses matérielles et individuelles; pour qui toute vérité absolue et infinie, toute conception idéale, Dieu, le bien, le beau, sont autant d'abstractions; qui ne voit dans le monde qu'une multitude d'êtres sans lien, sans système, sans unité, sans principes, sans fin, sans autre impulsion que celle d'une aveugle nécessité. Voilà l'athéisme dans le vrai sens du mot. Comprend-on maintenant combien j'aurais lieu de m'indigner d'une telle accusation, si je pouvais la prendre au sérieux? Je le demande, qu'ai-je de commun avec l'athéisme, moi qui crois à ma conscience, à ma raison et à toutes les vérités qu'elles enseignent, à la liberté, au devoir, à la spiritualité de mon être et à ses hautes destinées, à Dieu, par qui la nature existe, vit et se meut, par qui et en qui l'homme sent, pense et veut (in Deo vivimus, movemur et sumus), dont le monde n'est pas seulement l'œuvre accidentelle, mais l'acte immanent, la manifestation incessante, quoique toujours imparfaite, dont la Providence, inséparable de la puissance créatrice, se révèle par l'ordre, la beauté, le progrès universel et continuel du *Cosmos?*

Voilà le Dieu de mon livre, le Dieu de ma pensée de chaque jour et de chaque heure, le Dieu dans la contemplation duquel je trouve, moi, pauvre roseau pensant, l'appui de ma faiblesse, la lumière de mon intelligence, la flamme de mon cœur. Qu'on me permette de conserver de Dieu cette image! Plein de respect pour toutes les formes de la vérité, si je crois ma conception plus pure et plus vraie, je ne renvoie pas au culte des idoles ceux qui adorent Dieu sous une autre figure. N'y a-t-il pas place en son temple pour tous ses adorateurs sincères, pour la pauvre femme en prière qui ne voit en Dieu qu'un père et un consolateur, et pour le philosophe qui contemple en lui l'Être des êtres, le principe même de l'univers? Je ne suis point de ceux qui disent : Hors de ma doctrine, point de salut. L'ardeur de ma foi, qui est profonde pourtant, ne force jamais le ton de ma critique; et ma charité se fera toujours un devoir de respecter ceux qu'elle voudrait avertir et sauver.

E. VACHEROT.

COPIE

*De la page 230, tome 1er, de l'Histoire critique de l'école
d'Alexandrie.*

Telle est la partie vraiment nouvelle de la doctrine de saint Justin ;
c'est la philosophie platonicienne appliquée d'une manière ingénieuse au
dogme chrétien. Sa notion de Dieu paraîtrait fort remarquable, si on pouvait y voir autre chose qu'une réminiscence de la doctrine de Philon,
dont les écrits étaient très-familiers aux premières écoles chrétiennes, et
que saint Justin cite fréquemment.

Aucun nom ne convient au principe suprême de l'Univers. Dieu, le
Père, le Créateur, le Seigneur, ne sont pas des noms qui définissent son
essence, mais de simples qualifications tirées de ses bienfaits et de ses
œuvres. [1] Ce Dieu ineffable est en soi inaccessible et incommunicable ; il
ne crée et ne se révèle que par un intermédiaire, qui est LE VERBE, son
fils premier né, DIEU LUI-MÊME, engendré par un acte de la volonté divine. Le Verbe est ainsi appelé, parce qu'il transmet aux hommes les
paroles de son Père. [2] C'est une puissance qui ne peut être détachée ni séparée du Père, pas plus que la lumière sur la terre ne peut être séparée
du soleil. Quant au Saint-Esprit, saint Justin n'en parle pas autrement
que Philon : c'est l'esprit prophétique, principe de toute connaissance
pour les hommes, comme le Verbe est principe de toute vérité. C'est à la
source du Saint-Esprit que le chrétien puise les inspirations de sa foi.
Cette théologie reproduit exactement celle de Philon. Dieu, le Verbe,
l'Esprit y sont, non point encore trois hypostases d'une seule et même
nature divine, mais simplement trois principes inégaux, DONT LE PREMIER

1 Apol, secund. p. 92.

2 Tryph; p 221. Καὶ Θεὸς Θεοῦ υἱὸς ὑπάρχων. *Philon n'avait pas considéré le Verbe divin comme Dieu.*

SEUL EST DIEU. « Nous plaçons, dit saint Justin, au second rang le Fils
« du vrai Dieu, et au troisième l'Esprit prophétique. [1] » Il y a loin de là
au dogme de la Trinité. SUR LA DIVINITÉ DE JÉSUS-CHRIST, SAINT JUSTIN
NE S'EXPLIQUE PAS FORMELLEMENT. Il affirme bien, avec les évangélistes
et saint Paul, que le Christ est le Verbe incarné. Mais quelle est la distinction des deux natures divine et humaine dans le Sauveur? Où finit le
Dieu? Où commence l'homme? Saint Justin n'a pas même le soupçon de
ces difficultés, qui suscitèrent plus tard tant de discussions subtiles et mi-
rent en péril le dogme nouveau ; il se borne à dire que l'Incarnation du
Christ est un mystère. TOUT EN AFFIRMANT LA DIVINITÉ DU CHRIST, il insiste sur la perfection morale de sa vie, etc.

[1] Apol. prim. p. 51.

FIN.